बहुरंगी मनोभाव एक प्रतिभा कुछ इस तरह

BHAAG 2

पवन अमित त्रिवेदी

क्रम-सूची

क्रम-सूची

क्रम-सूची

क्रम-सूची

क्रम-सूची

1. काश ये मुमकिन होता

काश तुम सब जान लेते ,मेरे कहने से पहले,

काश आंख नम ना होती, खामोश रहने से पहले,

काश मेरे हिस्से की मुकम्मल ,वफा मुझे मिलती,

काश मेरी कमियों को भूल कर, फिर से एक बार मुझसे
गले मिलती,

काश मेरी तरह तेरी भी, कोई मजबूरी ना होती,

काश हमारे बीच सिर्फ प्यार होता, कोई दूरी ना होती,

काश ....

काश मेरे बातों से, आप परेशान ना होते,

काश हम एक दूसरे से, अनजान ना होते,

काश हक है जो तेरा, वो मुझपे चला लेता ,

मै रूठा था अगर तो, आप आकर मना लेता ,

काश किस्मत को भी साथ ,हमारा गवारा होता,

काश मै इतना भी ना ,बेबस और बेचारा होता,

काश..........

काश तू अपनी, हर जंग को जीत पाता,

काश मेरे लिए ही सही, एक बार मुस्कुराता ,

काश मै हमेशा, तुम्हारे साथ रहता ,

काश मै भी तेरी जिंदगी, का हर दर्द सहता,

काश तेरे हर मर्ज का, उचित उपचार होता,

काश यूं ना मै, जहनी बीमार होता

काश.. ये मुमकिन होता ....

2. काश

काश कभी मेरी बातों को बिन कहे जान लेते,

काश कभी मुझे झूठा ही सही अपना मान लेते,

काश मेरा हर एक सपनों को पूरा करने में साथ
तेरा होता,

काश मेरे हर कमियाबी में भी हक तेरा होता,

काश………………………………………………

काश तुमने मुझे अपने दिल की बात बताई होती,

काश तू मेरी होती यूं ना जग हंसाई होती है,

काश मेरे हालातों को देखकर तरस खाते ,

काश अकेले तन्हा छोड़ कर ना यूं जाते,

काश, …………………………………………………………

काश मेरे लिए जरा सा भी वक्त निकाला होता,

मै टूट कर भी बिखरता काश तुमने संभाला होता,

छोड़ो और अब तुम्हारे यार का हाल कैसा है,

खुश हो ना उसके साथ होगे क्यों नहीं,

मै ठहरा अनपढ़ गरीब उसके पास तो बहुत पैसा है,

काश मै भी तुम्हे जानने से पहले अपनी औकात बनाता,

काश मै भी फरेबी रिश्तों को नहीं दौलत को अपना खुदा
बनाता ,

काश मै ये कर पाता,

काश मै ये कर पाता,

3. हर समय लोग भुला के बैठे है

हर समय लोग भुला के बैठे है खुद को ही

इन्हे ईश्वर का भी कोई खौफ नहीं है,

गैरों को बनाना चाहते है कमियाब,

अपनी गलतियों कों समझने का शौक नहीं है,

अपनों से ही तो जिंदा है अपनापन,

माना मैंने कोई अब इतना भी खास नहीं है,

खुद करके साजिश अब इंकार कर रहे हो,

पागल ही तभी तो आज तक उसका ही

इंतजार कर रहे हो,

आईं थी एक रोज मिलने टुझसे ही तेरी ही पारिछाई,

क्या हुआ अब खुद को देखकर ही डर रहे हो,

पहले कभी होता था वो सक्स भी अजीज तेरा,

आज देख कर के उसे अपने वादे से ही मुकर रहे हो,

ये आदत आपकी मुझे अच्छी नहीं लगी,

क्यों अब खुद से ही बगावत कर रहे हो,

4. फैशन के दौर में

फैशन के दौर में लोग खुद को बदल रहे है,
पहले पैर छूकर आशीर्वाद लेते थे बुजुर्गों का,
आज नमस्कार कर के निकल रहे है,
परिधान भी तो अब नहीं पहले जैसा है,
कपड़े है सबसे अधिक उनके ही तार तार,
जिनके पास बेशुमार रुपया पैसा है,
मै मानता हूं कि हो आप समझदार ,
किसकी है मजाल जो आपको सिखाएगा,
पागल है जो मुंह के बल गिरना चाहेगा,
ना जाने क्यों बच्चो आधुनिकता मे बात करने
की तमीज भूल गए है,
खुद खोए है फोन की दुनिया में रिश्ते भूल गए है,
हमें फिर एक बार इस नव कुसुम को सूखने से
बचाना होगा,
क्या है भाषा है ,और इसका क्या है इतिहास बताना होगा

5. तब याद आती है तुम्हारी

जब जब कोई अधूरी ख्वाहिश
रह जाती है,
जब बिन कहे वो बहुत कुछ कह जाती है,
जब कोई सपना साकार होने से पहले टूट जाता है,
जब कोई अपना ही मुझे
लूट जाता है,
जब किस्मत पे कलंक का टीका लगता है,
हर एक रिश्ता बेस्वाद और फीका लगता है,
तब मुझे तुम्हारी याद आती है,
जब जख्म अधिक और मरहम कम हो जाता है,
खुदा से सिफारिशों का सिलसिला ख़तम हो जाता है,
जब ये दुनिया एक काला बाजार लगता है,
झूठा और फरेबी हर एक किरदार लगता है,
जब लगती है ठोकर और हम गिर जाते है,
तमाम मुसीबतों मे घिर जाते है,
तब मुझे तुम्हारी याद आती है,

6. वक्त से साथ लोग सब कुछ भुला देते है

वक्त से साथ लोग सब कुछ भुला देते है,
ये अपने ही है जो अक्सर रुला देते है,
जिन सपनों को देखकर हम बड़े हुए है,
वहीं अब इन आंखो को दुखा देते है,
कमियाबी से शायद कोई नहीं है रिश्ता हमारा,
तभी तो रास्ते के कंकड़ भी मेरे पैर जला देते है,
तेरी यादों का बोझ से मेरा दम घू ट रहा है
आप तो मुझे आसानी से भुला देते हो,
ये जो नाटक कर रहे है ना सराफत का,
अक्सर यही मरने का मुकम्मल वजह देते है,
गरीब की जिंदगी भी क्या जिंदगी है,
दर्द के साए में पूरी उमर बिता देते है,
जिन चिरागों से होती थी कभी मेरे घर में रोशनी,
वहीं चिंगारी मेरा आशियां जला देते है,
ये जो शोर मचा रहा है ना गलियारों मे
सियासत का,
यही खादी और उजले वस्त्र वाले,
रात होते ही नृत्यांगना पे मजदूरों की
मेहनत की कमाई उड़ा देते है,
सुना था मैंने भी भाईयो में मिसाल और
अथाह प्रेम राम और लक्ष्मण में,
आज कल के बंधु चंद नोटो के

लालच में एक दूसरे का ही गला दबा देते है,

7. किसान खेत पर

किसान खेत पर और,
मजदूर सड़क पे मर रहा है,
कैसे कहूं मै कि मेरा देश आगे बढ़ रहा है ,
इन जुमलों से अब,
कुछ खास नहीं होगा,
तुम्हे अगर गरीबों के हालत,
का जरा सा भी एहसास नहीं होगा,
महंगा डीजल महंगा सिलेंडर
और महंगा तेल हुआ,
दोषी को मिल गई आजादी
और निर्दोषों को जेल हुआ,
हुआ,
ये जो है युवा देश बैसाखी
जीवन इनका भी तो बेरंग है,
आर्थिक रूप से कमजोर यहां
और बेरोज़गारी से तंग है,
कभी मिले फुर्सत तो सोचना कि
क्या हम सब ने खोया है,
किताबों से मोहब्बत करके भी
तो युवा भूखा ही तो सोया है,
सपने आंखो में लेकर के,
हम गांव छोड़कर शहर आते है,
एक छोटे से कमरे में रहकर के,

रात रात भर पढ़ते जाते है,
तो फिर क्यों हर बार नाकामियाब
हो जाते है,
हम तुमसे कोई खैरात नहीं ,
अपना हक ही तो चाहते है,
माना है भार कांधो मे आपके
हाथों में कोई जहर नहीं है
आम आदमी का मांस नोचकर खाने ,
वालों भेड़ियों अब तेरी खैर नहीं है
बागी पवन अमित त्रिवेदी

8. इश्क और कैटिंग चाय

मेरे जज्बातों मे मिश्री सी घुल जाती है,
जब जब देख कर मुझे वो मुस्कुराती है,
चाहत के दौर में एक वो ही तो है,
जिसके बिना जिंदगी बिना चाय की पत्री की
तरह फिकी पड़ सी जाती है,
यूं तो मेरे दुनिया मे बहुत सारे दोस्त है,
आलम कुछ इस तरह है अब वो मोहतरमा
मेरे सपनो में आती है,
इश्क में वो शर्मीली लड़की और नशे में
अदरक वाली कटिंग चाय की याद आती है
हां माना मै भी थोड़ा सा मतलबी हो गया हूं,
यारो वो भी तो मेरा होना चाहती है,
तेरा ख्याल मेरे जहन से जाता ही नहीं है,
मै भी ना दिखूं वो भी तो परेशान हो ही जाती है,
मै दूर मुहल्ले का एक सीधा सा लड़का,
फिर मुझे देखकर क्यों वो घबरा सी जाती है,
मैंने नहीं भूला उसे आज तक ना जाने क्यों,
शायद वो पगली आज भी याद आती है,
देखकर उसे होता है कुछ इस तरह,
इश्क में वो शर्मीली लड़की और नशे में
अदरक वाली कटिंग चाय याद आती है,

9. जब मुझे अपनों का ख्याल आता है

मेरे दिल में कई अनगिनत सवाल आता है,

वो गांव के पनघट का वो मीठा पानी,

वो दादी और नानी के पारियों की कहानी,

वो पापा से गुस्से में डांट खाना,

फिर प्यार से मुझे समझाना,

आज भी याद है मुझे,

वो बचपन में हर छोटी बात पे रूठ जाना,

फिर गलती करके पूरे घर को अपने सर पे उठना,

वो खेलते खेलते जमीन पे ही सुकून की नींद सो जाना,

वो मां का स्नेह और ममता भरा लजीज खाना,

एक वो भी था हसीन जमाना,

हां मानता हूं अब हो गया है शायद पुराना,

लेकिन आज भी याद है मुझे,

वो मेरी एकलौती बहना, जिसको हमेशा था मेरे ही साथ रहना,

जो मेरा हर राज जानती थी ,

मुझे अपना सबसे अच्छा दोस्त मानती थी,

हर वक्त मुझसे अपना काम कराती थी,

मुझपे ही केवल अपना रौब जामाती थी,

बेशक मुझे डांटती चिल्लाती थी,

लेकिन कभी कभी मेरे हक के लिए ,

पापा से भी लड़ जाती थी

आज भी याद है मुझे,
पवन अमित त्रिवेदी कानपुर
उत्तर प्रदेश

10. कभी किसी को गैर की तलाश में

कभी किसी को गैर की तलाश में खुद को खोए हो,

याद करके उसे कई घंटे तक अकेले ही रोए हो,

क्या कभी किसी ने तुम्हारा मजाक बनाया है,

क्या कभी सभी से अपना दर्द छुपाया है

नहीं ना तो नहीं समझोगे मुझे,

क्या कभी दर दर की ठोकर खाई है,

क्या कभी तुम्हारी जिंदगी मौत से आलिंगन करके आई है,

क्या सपने मेरी तरह तेरे भी टूटे है,

लगा है कभी तुम्हे भी सब से सब झूठे है,

नहीं ना तो नहीं समझोगे मुझे,

क्या मेरी तरह आज भी काली रातों

से डरते हो,

हर समय घूट घूट कर तुम भी मरते हो,

क्या तुम्हे लोग आज भी पसंद है शायद,

क्या कभी मेरी तरह खुद से ही बातें करते हो,

नहीं ना तो नहीं समझोगे मुझे,

क्या कभी तुमने खुद मे ही झांका है,

शायद खुदा ही लगता तुमको सांचा है,

तुम खुश थे ना अपनी दुनिया दारी में,

कभी मेरी आंखो मे मुझको देखा है,

नहीं ना तो नहीं समझोगे मुझे,

क्या मेरी तरह तुम्हे भी लगता है

कोई रातों में आवाज लगाता है,
कभी कभी खामोशी से धड़कन
थम सा जाता है,
ये दिनभर की बक बक करते करते,
कभी मेरी तरह क्या तू भी चुप सा हो जाता है,
नहीं ना तो नहीं समझोगे मुझे,
पवन अमित त्रिवेदी कानपुर
उत्तर प्रदेश

11. ये है कैसी दुनिया हम कहां जा रहे है

ये है कैसी दुनिया हम कहां जा रहे है,

अपने है तभी तो मुझको डूबा रहे है,

सुना है आसमानी परिंदे रहेंगे जमीन पर,

यह सुनकर आप क्यों घबरा रहे है,

एक खुदा का है नेमत जिसे मोहब्बत है कहते,

बड़ी शिद्दत से अब इसको बच्चे निभा रहे हैं,

तलाश जारी है अभी भी लैला की सब को,

पूरी होते ही आप मुझसे क्यों आंखे चुरा रहे है,

नशा करने का तो अब तो बहाना चाहिए ,

यादों में है उनके ,ये कहकर पूरा बोतल चढ़ा रहे है,

खुशी का जीवन में जिनके दूर दूर तक कोई संबंध ही नहीं है,

इन बालको का नाम भी खुशी राम पा रहे है,

भरोसा के सीमेंट से बनाया था कभी एक महल,

अब आहिस्ता आहिस्ता लोग ईंटें चुरा रहे है,

12. क्यों कर रहा हूं खुद से ही सवाल मै

क्यों कर रहा हूं खुद से ही सवाल मै,
क्यों मुझे कोई जवाब नहीं मिलता ,
क्यों मै खुश नहीं अपने आप से ही,
क्यों मुझे सुखद एहसास नहीं मिलता,
तलाश थी मुझे जिस सुकून की,
क्यों वो कहीं नहीं मिलता,
क्यों जीना चाहते है अकेले तन्हाई में,
फिर क्यों वहां भी मेरा दम घुटता,
वैसे तो मुझे लगाव है अपनों से ज्यादा खुद से,
फिर क्यों खुद पे ही हंसता,
क्यों नहीं मानता किसी ईश्वर को मै,
क्यों सजदे में मेरा सर नहीं झुकता,
क्यों वक्त भी अपने रंग दिखा है रहा,
क्यों मै ही सबको ग़लत दिखता,
सदियों से एक हसरत थी निरंतर
चलते रहने करे की,
फिर क्यों सब के लिए मै ही रुकता,
किसी एक को खुश रखने के लिए मैंने
खुद को बदला,
फिर क्यों उसने एक भी आदत ना बदला,

13. मन मे प्रसन्नता छाई है

मां शैलपुत्री नवरात्रों में मेरे घर आईं है,

जो मांगा था था मां से वो जहां मिल गया ,

मै खुश हो गया मै खिल सा गया,

जों मांगा था कभी आपसे रोते हुए,

हर एक दुआ का सिला मिल गया,

मैंने भी फूलों से घर का हर एक कोना सजाई है,

मां शैल पुत्री नवरात्रों में मेरे घर भी आईं है,

खुशी का ठिकाना अब मुझमें नहीं है,

तेरे शिवा मां मेरा कोई नहीं है,

ये उपकार तेरे मूझपे बहुत है,

तेरे ही करम है ही जीवित बचे है,

तेरे आशीर्वाद की आस आज मैंने लगाई है,

मां शैल पुत्री नवरात्रि मे मेरे घर भी आईं है,

मै असमंजस मे हूं और खुश

भी बहुत हूं,

तेरे दीदार को व्याकुल मै भी

बहुत हूं,

सपने सुनहरे है मैंने भी देखे,

भक्ति में मै खो सा गया हूं,

दर्शन की अर्जी मैंने भी लगाई है,

तब मां शैलपुत्री नवरात्रि में मेरे घर आई है,

14. मेरी हर एक खता

मेरी हर एक खता, को भुलाना पड़ेगा,
हम बालक है तेरे, मेरे घर भी
आना पड़ेगा,
तेरी कृपा है से सब का भला हो,
ना हो आंखो में आंसू सब खुश ये जहां हो,
भूल से भी किसी निर्दोष को
ना सजा मिले,
साजिश मे किसी का ना जीवन जले ,
करुणा का अमृत सब पे बरसाना पड़ेगा,
हम बालक है तेरे मेरे घर भी मां आना पड़ेगा ,
हर बालिका शिक्षित और उन्नति करे,
सच का साथ दे ,और अकेले
ही शिखर पे चढ़े,
हक जो है उसका उसे मिल कर रहेगा,
नाम परिवार और देश का रोशन करे,
आए हो धरा मे तो हर युवा को कुछ कर के दिखना पड़ेगा,
हम बालक है तेरे मेरे घर भी
आना पड़ेगा,

15. हर जगह बेवजह

हर जगह बेवजह का मुद्दा उछाला जा रहा है,
फिर किसी गरीब को अपने ही घर से निकला जा रहा है,
कीमत इंसानियत की अब बची है नहीं है,
हर जरूरी कार्य सरकारी कार्यालय मे कल या परसो,मे टाला
जा रहा है,
महंगाई कितनी कितनी बढ़ी है ये मजबूर पिता से पूछो,
किस तरह से उसके बच्चो के मुंह में निवाला जा रहा है,
जो खेतो मे कठिन परिश्रम करके अन्न उगाता है,
उसी किसानों के ऊपर से गाड़ी निकाला जा रहा है,

16. नारी एक देवी का रूप है

नारी एक देवी का रूप है,
महिमा अपार और अनूप है,
घर घर की शान है नारी,
एक पिता का अभिमान है नारी,
पति का स्वाभिमान है नारी,
भाई की जान है लाडू बहन ,
मां की जान है नारी,
स्वर्ग बनती है घर नारी,
बिना थके तत्पर्य है नारी
एक पूरा जहां है नारी,
सच मे देवी बाखुदा है नारी,

17. जब निभा ना सको

जब निभा ना सको तो रिश्ते बनाते क्यों हो,
नाज़ुक है ये दिल, इसे हर बार दुखाते क्यों हो,
मेरे साथ यूं नहीं पहली दफा हुआ है,
तू कोई पहला नहीं जो मुझसे खफा हुआ है,
यकीन की बाते तुम नहीं करो तो अच्छा है,
मै भी जानता हूं कौन है झूठा और कौन सच्चा है,
वो बचपन की यादें मै आज भी खो जाता हूं,
कुछ क्षण खुद को भूल कर अपने मां का राजा बेटा हो
जाता हूं,
मेरी मां ही थी जो मुझे बड़े ही स्नेह से बुला लेती थी,
मेरी सभी गलतियों को सभी से छुपा लेती थी,
मै जब भी रोया दर्द मे कभी,
सब काम को छोड़कर मुझे सीने से लगा लेती थीं,
कैसे करूं मै तेरा शुक्रिया आप जैसा कोई नहीं है,
अपनी मां से करू मै अगर तुलना तो उसके बराबर खुदा भी
नहीं है,
मेरा चैन और सुकून सब मेरा मां के ही पास है
उसकी याद मानो मेरे लिए जन्नती अहसास है,

18. तर्ज भूल पाता

तर्ज भूल पाता नहीं उम्र भर गीत
कवि विष्णु सक्सेना,

मेरी आंखो मै, एक तेरी तस्वीर है,

मैंने भूल करके भी भुलाया नहीं,

मेरा दर्द भी एक जागीर है,

जो कभी भी तेरा हो ये पाया नहीं,

जब तेरी याद मेरी कहानी बनी,

एक अधूरी सी ख्वाहिश पुरानी लगी,

मेरी दास्तां क्यों ना भाए मुझे,

तेरी चाहत मेरी जिंदगानी बनी,

एक तस्वीर भी,ना मेरी, तुमसे संभाली गई,

एक तेरे यादों से, बाहर मै आया नहीं,

मेरा दर्द भी एक जागीर है,

जो कभी भी तेरा हो ये पाया नहीं,

इस धरा से, ये अंबर मिला ही नहीं,

मुझे तुमसे, भी कोई गिला भी नहीं,

देख करके इधर, क्यों तुम शर्मा गए,

मैंने जिक्र तेरा, किसी से किया भी नहीं,

मै कुछ वर्षों से, यूं ही भटकता रहा,

कभी भी , आइने मे खुद को रुलाया नहीं,

मेरा दर्द भी एक जागीर है,

कभी भी, तेरा हो ये पाया नहीं,

19. बाहर से सब अच्छा है

बाहर से सब अच्छा है
चलो अन्दर की बात बताते है,
धूप से झुलस रहे एक किसान के,
दैनिक जीवन से परिचय आपका कराते है,
जो खुद अनपढ़ होकर भी
देश का मान बढ़ाता है,
खेतो से अन्न उगाकर के,
हम सबकी भूख मिटाता है,
सूखा, बारिश, आंधी से,
फसल को हर रोज बचाता है,
कभी कभी धरती पर
भूखा ही सो जाता है,
बाहर से निर्भीक से है और
अंदर से घबराते है,
धूप से झुलस रहे एक किसान के
दैनिक जीवन से परिचय आपका कराते है,
खेतों को मानकर कर्मभूमि
जो मेहनत करता जाता है,
तब जाकर उसके जीवन में वो,
सुनहरा पल आ पाता है,
लेकिन राजनीति के दांव पेंच से
कहां कोई बच पाता है,
सस्ते दामों पर फसल खरीद कर,

फिर महंगा होने पे बेचा जाता है,
जो रात दिन करता कड़ी परिश्रम है,
वो उचित श्रम क्यों नहीं पाता है,
क्यों हर बार किसान ही बेबस लाचार होकर
आत्महत्या करने पे मजबूर हो जाता है,
तेरे घर के भोजन की कीमत नहीं,
अपने रोटी का वो भी हक चाहता है,
हम सरकार से एक बार फिर से
गुहार लगाते है,
किसानों के जीवन का हम भी अभय दान
चाहते है,
धूप से झुलस रहे एक किसान के
दैनिक जीवन से परिचय आपका कराते है,

20. ना जाने क्यों तेरे यादों के धागों मे उलझते जाते है

ना जाने क्यों तेरे यादों के धागों मे उलझते जाते है,

रात को तेरे घर के रास्ते मुझे जुगनू बताते है,

तेरे साथ जीना जब मुकम्मल ही नहीं होता,

तो बिन तेरे हम मर क्यों नहीं जाते है,

मै भी चाहता हूं कोई हो जिसको केवल मेरी तलाश हो,

फिर खुद को देखकर केवल मुस्कुराते है,

तेरा दीदार होना किसी जन्नत से कम नहीं

साथ में बिताए लम्हे मुझे फिर से याद आते है,

मै जानता हूं तुमने बदल लिया है शहर अपना,

लेकिन आज भी तेरे गली के चक्कर लगाते है,

तेरा नाम से जोड़ते है लोग नाम मेरा,

मेरे ही मोहब्बत का क्यों मजाक उड़ाते है,

तेरा ज़िक्र आज भी है मेरे जुबान पर,

किताबों के सूखे गुलाब याद तेरी दिलाते है,

21. प्रेम के ज्योति जलाते चले

नफ़रत को दिल से मिटाते चले,
कोई भी ना सोए भूखा यहां,
हम ईश्वर से अर्जी लगाते चले,
हर ओर हो जीत सत्य की ही,
झूठों को हस्ती मिटाते चले,
हर बहन की रक्षा करे भाई,
राखी के बंधन निभाते चले,
अच्छाई कभी ना हारे कभी,
बुराई जड़ से मिटाते चले,
अहंकार मुझे छू भी ना पाए,
सदभाव का पाठ सबको पढ़ाते चले,

22. सही कहा आपने

सही कहा आपने लेकिन ये उनके लिए है जो कहते है की
चरखे से ही आजादी आई है,
मेरे भाई चरखा भी एक हिस्सा था स्वदेशी आंदोलन का
लेकिन चरखा से ही आजादी नहीं आई
नहीं समझे मै कोशिश करता हूं
जैसे एक उदाहरण
मै कर सकता हूं अच्छा है
मै ही कर सकता हूं
ये समझदारी नहीं घमंड है,
हां मै मानता हूं इस उदाहरण का कोई संबंध नहीं है
एक प्रयास है केवल आप को
चरखे और चरखे से ही केवल आजादी आई है,
मै ये नहीं कहता कि अहिंसा सही नहीं है,
लेकिन कभी कभी फैसले वक्त पे ना लिया जाए तो सवाल
बन कर रह जाता है,
और हमारी सभी अच्छाइयों पे
सवाल खड़ा कर सकता है,
अगर महात्मा गांधी चाहते तो भगत सिंह राजगुरु और
सुखदेव की फांसी टाली जा सकती था,
लेकिन एक महत्वपूर्ण बात तो यह थी कि इन देशभक्तों से
हिंसा चुना था जिसके बापू सख्त खिलाफ थे ,
और उन्होंने अंग्रेज़ो से फांसी रुकवाने की चर्चा नहीं की,

मेरा मानना है कि जब खुद का परिवार संकट मे हो तो हमे
अहिंसा छोड़ देना चाहिए,
और देश सच्चे देशभक्तों का परिवार ही था,
शायद मै ग़लत भी हो सकता हूं लेकिन आप को जो लगे
लेकिन मै अडिग हूं ,
जो भूल हुई या मैंने अनजाने में गांधी जी के अहिंसा को
मानने वालो को दिल दुखाया है
तो माफी चाहूंगा*
सही मतलब अहिंसा परमो धर्म का
"अहिंसा परमो धर्मः धर्म हिंसा तथैव च: "*

23. अहिंसा

इस श्लोक के अनुसार अहिंसा ही मनुष्य का परम धर्म हैं और जब जब धर्म पर आंच आये तो उस धर्म की रक्षा करने के लिए की गई हिंसा उससे भी बड़ा धर्म हैं। यानि हमें हमेशा अहिंसा का मार्ग अपनाना चाहिए लकिन अगर हमारे धर्म पर और राष्ट्र पर कोई आंच आ जाये तो हमें अहिंसा का मार्ग त्याग कर हिंसा का रास्ता अपनाना चाहिए। क्यूंकि वह धर्म की रक्षा की लिए की गई हिंसा ही सबसे बड़ा धर्म हैं। जैसे हम अहिंसा के पुजारी है लकिन अगर कोई हमारे परिवार को कोई हानि पहुंचता हैं तो उसके लिए की गई हिंसा सबसे बड़ा धर्म हैं। वैसा ही हमारे राष्ट्र के लिए हैं।

माफी चाहूंगा श्रीमान जो केवल महात्मा गांधी को ही आदर्श मानते है उनके लिए

मेरे भाई ये देश सब का है

सभी सदस्यों का महत्वपूर्ण योगदान है

हमे सब का आभारी होना चाहिए ना की किसी एक के

24. चाहत के सफर मे

चाहत के सफर मे ,हर एक किरदार बौना रहा है,
गरीबी मे आटा गीला रहा,और एक ही बिछौना रहा है,
कोई भी दर्द को समझ नहीं जीवन मानो खिलौना रहा है,
आंसू आए बहुत जब बारिशों मे घिरा, घर का कोना कोना रहा है,
दुख देखकर सियासत , फिर से एक और झूठा वादा कर जाएगी,
मदद ना की आपने भी तो, फिर एक मासूम बच्ची भूख से मर जाएगी

25. खुदा है अगर हर एक जगह

फिर क्यों नहीं इंसान डरता है,

गरीबी बनी है एक मुद्दा यहां,

एक मुद्दत से ना कोई हल निकलता है,

हर बार सपने है टूटे यहां ,

हर बार नई जंग लड़ता रहा,

तुम्हे भी तो यारा तरस तक ना आई ,

हंसती जिंदगी में आग क्यों लगाई,

रोया बहुत गिड़गिड़ाता रहा,

हाथ जोड़े बहुत और मनाता रहा,

अधरो मे जिसका ना सहारा कोई ,

जो तुमको मसीहा बनाता रहा,

जिसके जीवन में कोई उजाला नहीं है,

फिर भी अपने परिवार से प्रीत करता है,

हर बार है सपने टूटे यहां,

हर बार नई जंग लड़ता रहा,

ना तेरा गया ना ही तूने मिटाया

खुदा ने भी देखो तमाशा बनाया ,

अमीरी की चादर उसे भी तो मिलता,

क्यों हर एक निवाले का कर्जी बनाया ,

किस्मत भी देखो कहां साथ देती,

हर बार मेहनत उसे मात देती,

जिनके अपने है रूठे यहां,

फिर भी ना खीज करता है
हर बार है सपने टूटे यहां,
हर बार नई जंग लड़ता रहा,

फिर भी ना खीज करता है
हर बार है सपने टूटे यहां,
हर बार नई जंग लड़ता रहा,

26. जों दैनिक जीवन में

जों दैनिक जीवन में बसों के धक्के खाता है,

बाहर से हंसता रहता है और अंदर से घबराता है,

पहले गलती खुद ही करता , फिर बाद में पछताता है,

जो विकट परिस्थितियों में, घिर कर भी, सारे दुख दर्द छुपाता है,

हालातों से तपता रहता है , और कहने मे भी असमर्थ होता है,

साहब हम लड़के है हमे भी दर्द होता है,

हर मोड़ पे जो मुंह के बल गिर जाता है,

इंसान नहीं वो बुजदिल है, जो व्यर्थ ही नीर बहाता है,

खुद तो अभी उम्र से बालक है, पता नहीं कब समझदार बन जाता है,

कभी कभी इनका पूरा जीवन मानो एक मजाक हो जाता है,

जो सुन रहे हो इतना भी नहीं बेदर्द होता है,

साहब हम लड़के है हमे भी दर्द होता है,

27. शहर के गलियों में

शहर के गलियों में खाक छानता रहा,
मै खुद मे ही उसको तलाशता रहा,
किसी ने मुझे ना जाने क्यों समझा ही नहीं,
मै आस भरी नजरों से ,सभी का चेहरा ताकता रह,
आज मेरा भी एक अधूरा सा ख्वाब रह गया,
जैसे डायरी के पन्नों में सूखा गुलाब रह गया,
खुद की तलाश में निकला था, एक रोज सुबह के पहर,
पाने के बाद उसको मै भूल गया, अपनी ही डगर,
एक सांस में उसने कह दिया सब कुछ
और मुझसे ही बड़ी बड़ी बाते फांकता रहा,
मै आस भरी नजरो से सभी का चेहरा ताकता रहा,

28. अर्श से फर्श तक

जब अर्श से फर्श तक जब, सफर तय सा किया था
मै भी कई बार बेतुके सवालों में, घिर सा गया था,
जब तक खुद को समेटा, और खुद को संभाला,
देर हो चुकी थीं और, सब बदल सा गया था,
मै कुछ ऐसे गिरा, फिर ना उठाया गया ,
नफ़रत की आंधी में, मै जल सा गया था,
शायद नसीब मे भी मेरे ,भटकना लिखा था,
जिसपे किया था मैंने भरोसा, वो मेरा नहीं था,
जब है मेरी खताएं तो, राजा मुझे ही मिलेगी,
फितरत से मै भी खुदा हो गया था,
इल्जाम मैंने लगाए बहुत, और मुझ पे भी लगे,
जब कोई खुश ही नहीं था ,मैंने भी मनाया नहीं था,
पवन त्रिवेदी दिल से था अच्छा ये सब जानते थे
लेकिन जुबां से शायद तू भी बुरा हो गया था,

29. मै सब का है सब मेरे

मै सब का है सब मेरे
हृदय भी मेरा विशाल है,
मौत ही तो अंत है,
झूठ और प्रपंच है,
दिख रहे है जो यहां,
सब तुम्हारे खाश है,
जिंदगी तो है नहीं
बस चल रही यहां सांस है,
दर्द के रगो में भी
क्यों खून मे उबाल है,
हाल भी है गमजदा,
तेरी आंख सुर्ख लाल है,
शब्द को तुम छोड़कर,
अर्थ से ही काम लो,
मै हूं एक स्वप्न सा,
बस राम का ही नाम लो,
जो तेरे मेरे बीच है ,
एक अनछुआ एहसास है,
जिंदगी तो है नहीं,
बस चल रही यहां सांस है,
अम्बर से धरा तलक,
आग ही दहक रहा,
रुपयों के अंधे दौड़ में,

इंसान है भटक रहा,
रास्ते कठिन यहां
पथ गुरु तुम उनको मान लो,
प्रेम से और शान से,
हाथ उनके थाम लो,
थक चुके हो हार कर
क्यों मिट रहा एहसास है,
जिंदगी तो है नहीं ,
बस चल रही यहां सांस है,

30. मेरे बाद जिक्र मेरा

मेरे बाद जिक्र मेरा,
होठों तक भी ना लाना,
ना करना समय व्यर्थ कभी,
ना यूं ही अश्क बहाना,
मैं तेरा कभी था ही नहीं
क्यों ये समझाना जरूरी है,
ना खोई हुई शक्ति है ये,
ना ही कोई मजबूरी है,
टूटे हुए पौधों मे पवन
कहां पुष्प फिर खिलते है,
जों पथ में ही गुम हो गए
उन्हे कहां ठिकाने मिलते है,
अभी तो आरंभ है ये,
क्यों बात अंत की करते हो,
पहले डरते थे अपनों से,
अब बातों से डरते हो,
मौसम के अनुमान यही है,
फिर बारिश होने वाली है,
जो राह राह दिखाते थे सब को,
उनकी ही मंजिल खोने वाली है,
टूट रहे सपनों में कहां,
एहसास सुहाने मिलते है,
जो पथ में ही गुम हो गए ,

उन्हे कहां ठिकाने मिलते है,

मेरे कहने का कोई अर्थ नहीं,

ना मेरी बातों का मोल है,

इतिहास वही है अभी तलक,

केवल बदल गया रोल है,

पहले नर मे ही नारायण होते थे ,

अब पत्थरों मे खुदा खोजते है,

धोखा देकर के अपनों को ,

खुद को का मियाब सोचते है,

ना रीत मिली ना प्रीत मिली,

ना जीत सुहाने मिलते है,

जो पथ में ही गुम हो गए ,

उन्हे कहां ठिकाने मिलते है,

31. सच या झूठ है क्या

सच या झूठ है क्या दुनिया में,
ये भेद बताना मुश्किल है,
ये दुनिया है मक्कारो की,
इनको समझाना मुश्किल है,
गैरों की बाते क्या ही करे,
यहां अपनों से ही छले गए,
जों कभी रहनुमा होते थे,
वो छोड़ के हमको चले गए,
बाहर का परिवेश अलग है,
अंदर सब घोटाला है,
ये भी कहना अभी नामुमकिन है,
मेरा वक्त बदलना वाला है,
आंखो मे ढेरो सपने,
दिल में कई आशाएं है,
जीवन का अर्थ मुझे अब,
गैर बताने आए है,
इस विपरीत परिस्थिति मे,
कोई भी साथ नहीं होगा,
मंजिल मिल पाना जरा सा मुश्किल है,
अगर खुद पर ही विश्वास नहीं होगा,
चाहत का यह दौर मतलबी ,
अब कोई नहीं मतवाला है,
ये कहना अभी नामुमकिन है ,

मेरा वक्त बदलने वाला है ,
मुझको मुझमें ही जिंदा रहने दो,
तुम औरों के पास चले जाओ,
मेरा मन है उदास बड़ा ,
किसी और को जाकर समझाओ,
सब्र का हर एक बांध मेरा,
क्यों आज छूटने वाला है,
खोज रहा हूं मै भी उसको,
जो मुझे लूटने वाला है,
बादल संकट के मंडरा रहे,
फिर से अंधेरा होने वाला है
ये कहना अभी नामुमकिन ,
मेरा वक्त बदलने वाला है,

32. मैंने देखा है बस तुमको,

मैंने देखा है बस तुमको,
जबसे अपना होश संभाला है,
जीवन के इस भाग दौड़ में भी,
नाजों से तुमने पाला है,
मेरे हर एक सपने को,
तुमने ही साकार किया है
खुद कांटो मे रहकर मुझको,
सुन्दर संसार दिया है,
जो कुछ है मेरे पास यहां
मानो एक बेरंग सा सपना है,,
तेरे बिना मेरी जननी,
कौन मेरा अब अपना है,
मै खो गया अपनी धुन में,
मुझे होश कहां अब रहता है,
अपनों के बातों की कड़वाहट ,
आज भी जो मेरे लिए सब सहता है,
मै सदा तेरा आभरी हूं ,
जो तुमसे मुझको पहचान मिला,
मां मै ये श्रेय आपको देता हूं,
जो मुझको ये सम्मान मिला,
मैंने राम नाम को छोड़ दिया ,
बस तेरी माला जपना है,

तेरे बिना मेरी जननी कौन
मेरी अब अपना है,

• 43 •

33. तेरा एहसास मुझे दिलाती है हवाएं

तेरा एहसास मुझे दिलाती है हवाएं ,
यादों में तेरी बहाती हवाएं ,
मुझे तेरी हर एक अदा है पसंद
दिल में मेरी भी नई है उमंग,
चाहत ये तेरी मुझे भा रही है,
हद से भी ज्यादा याद तेरी आ रही है,
मेरे हर एक कहानी का किरदार तुम हो,
मै अधूरा बेचारा मेरा संसार तुम हो,
मेरी सांसों मे अब तू है समाया,
मै आज तुझको खुदा है बनाया ,
तेरा अधूरापन मेरी हस्ती मि टा रही है,
हद से भी ज्यादा याद तेरी आ रही है,
मेरा मन है व्याकुल तेरे याद में,
मै जीवित रहा तेरे अरदास मे,
अल्फाजो मे तेरे मै सच्चा नहीं ,
रहने दो यारा मै अब बच्चा नहीं,
तेरी बाते मुझको रुला क्यों रही है,
हद से ज्यादा याद तेरी आ रही है,

34. जगो मेरे भारत नंदन

जगो मेरे भारत नंदन, मै तुम्हे जगाने आया हूं,
इतिहासों अमिट छाप, मै तुम्हे दिखाने आया हूं,
आजाद हिंद होने से पहले , सैकड़ों वर्षों तक देश गुलाम रहा,
जीवन का अर्थ मौत ही था, भीषण रक्त संग्राम रहा,
फिर देख जुल्म की बबरता, आंखो मे अश्क आया था,
आजादी के खातिर जाने कितने वीरों ने लहू बहाया था,
रण में चारो तरफ घोड़ों की टा प सुनाई पड़ती थी,
घिरी हुई अंग्रेज़ो मे वीरांगना लक्ष्मी बाई दिखाई पड़ती थी ,
युद्ध कौशल को देख ,अंग्रेज़ो मे मातम छा जाता था,
देख सामने मौत को ,भय से उनका रोम रोम डर जाता था,
ब्रिटिश के गवर्नर जनरल डलहौजी, के रणनीति से छली गई,
आश्व से झरना ना पार हुआ , पहले बादल फिर मनु छोड़ कर चली गई ,
उनकी उत्क्रष्ट शहादत मे ,गोरो ने भी शीश झुकाया था,
आजादी के खातिर, ना जाने कितने वीरों ने लहू बहाया था,
जो देश प्रेम में मिटा दे खुद को, वो वीर बड़े मतवाले थे,
कुछ थे चंद्रशेखर जैसे, कुछ आजाद भगत सिंह जैसे निराले थे,
भय था ही नहीं दिल में ना, वो मरने से घबराते थे,
फांसी का फंदा चूम चूमकर, मौत को गले लगाते थे,
उनके जैसे जाने कितनो ने हिंदुस्ता का मान बढ़ाया था,

आजादी के खातिर ना जाने कितने वीरों ने लहू बहाया था,

35. मै आज भी ना कह सका,

मै आज भी ना कह सका,
बिन तेरे ना रह सका,
जिस प्रेम का गुमान था,
वो शून्य था अविराम था,
आंखो मे अब तलक बस आस है,
एक तेरे होने का एहसास है,
तेरी यादों में हम जी रहे,
अपने अश्क को हम पी रहे ,
क्या लौट के तुम आओगे,
यार सच में भूल जाओगे,
मेरे लिए अब तलक तू खास है,
एक तेरे होगे का एहसास है,
मै तुम्हे ना कभी भूल पाऊंगा,
पुकार लो मै आऊंगा,
तू ही मेरा जहान है,
एक सपनो भरा पैगाम है,
तू है मेरा ये मुझे विश्वास है,
एक तेरे होने का एहसास है,

36. कोई नहीं जो मुझको

कोई नहीं जो मुझको, अपने दुख दर्द बताता है ,
सीमित है, हर एक रिश्ता ,कुछ पल का ही तो नाता है,
सच ये भी है यारा ,कौन किसी का होता है,
पहले खुद पे हंसता था ,अब ना जाने क्यों रोता है,
कोई भी साथ नहीं है अब, सब की बेढंग कहानी है,
जो दौर गया उसे जाने दो , कब तुमको ये बात समझ में आनी है,
तेरा रब जब तुझमें है ,फिर क्यों , मंदिर में टे र लगाता है,
जब वो तेरा है ही नहीं ,फिर क्यों खुदा बनाता है
आंखो तेरी नम है क्यों ,क्यों तेरी बातों में नरमी है,
ये प्यार इश्क कुछ भी नहीं ,बस बेशर्मी बेशर्मी है,
जिसके के लिए तू पागल है ,क्या वो भी उतनी दीवानी है,
जो दौर गया उसे जाने दो , कब तुमको ये बात समझ में आनी है,
फिर उसके जाने पे क्यों, ये दिल तेरा घबराता है,
कभी छुप छुप के रोता है, कभी बेवजह मुस्काता है,
जिसकी चाह है तुमको पाने, की उसे पाकर खुद को खो दोगे,
याद में उसके कभी कभी , महफ़िल में भी रो दोगे,
जब खुद की सांसे गिरवी है , फिर भी इश्क निभानी है,
जो दौर गया उसे जाने दो, कब तुमको ये बात समझ में आनी है,

37. बेवजह ही जो जरूरी नहीं

बेवजह ही जो जरूरी नहीं ,
वहीं मुद्दा उछला गया,
एक मासूम को इंसाफ तो ना मिल सका,
लेकिन कई बार अदालत मे,
जिंदा शर्म से मार डाला गया,
कर के कुकर्म अब डराते है,
बेशर्म निडर होकर आवारा जानवर बनकर घूमते नजर आते है,
कहा था आपने कभी आपने साहब,
सरकार मे आने से पहले,
कि अब किसी अबला की व्यर्थ टेर नहीं होगी,
इन को मिलेगी कड़ी सजा कोई भी देर नहीं होगी,
आंखो मे में आंसू लेकर मुझको कुछ तो करना होगा,
आप नहीं कुछ कर सकते मुझको अब मरना होगा,
एक सवाल है अब इसका हाल क्यों नहीं आपसे निकलता है,
मेरी जिस्म को नोचकर ,शान से वो कैसे चलता है,
मेरे बाद जो लड़की थी वरदान घर की ,
उसे अभिशाप माना जाएगा,
सो रहे ही कब होगी नींद पूरी,यूं ही चलता रहा,
एक दिन तुम्हारा देश डूब जाएगा,

एक था वहम इंसाफ होगा और चेहरे कई एक साथ मुस्कुराएंगे,

शायद कोई फर्क तुम्हे पड़ेगा नहीं जाने कितने मेरे जैसे आएंगे और जाएंगे,

जब खुश नहीं रख सकते हो तो रुलाते क्यों हो,

बहरे हो शायद इस लिए मेरी करुण वेदना सुन पाते नहीं हो,

झूठा है तू भी सब वादे है तेरे खोखले क्यों मिलता नहीं इंसाफ है,

जो बेबसी थी पहले वो कल भी थी और वह आज है,

38. दर्द के इन राह में छिपी खुशी का सार है

दर्द के इन राह में छिपी खुशी का सार है,
या तो सच्चा मै नहीं या फिर झूठा मेरा यार है,
हारे हुए भी जीत सकते है यहां
जिंदगी से भी सीख सकते है यहां,
जों गया है वो ना आयेगा ,
सब्र कर एक रोज तू भी मुस्कुराएगा,
कोई तो है जो तेरा भी तलबगार है,
या तो सच्चा मै नहीं या फिर झूठा मेरा यार है,
मेरे आंखों में नहीं सपना कोई ,
है सब मेरे ना है अपना कोई,
मै संभल रहा हूं गिर के भी,
किसी ने मुझे समझा नहीं,
रिश्ते नाते वफा सब के सब बेकार है,
या तो सच्चा मै नहीं या झूठा मेरा यार है,

39. दिनांक 08 /09 / 2021 बुधवार

दिनांक 08 /09 / 2021 बुधवार
है मेरी परमपिता परमेश्वर मै ,
आपका ही दास हूं हकीकत नहीं
तो कम से कम एक एहसास हूं,
मेरे हर दुआ मे आप का ही गुणगान रहे,
मेरे होठों पे सदा मुस्कान रहे,
भले ही कीमत मेरी जान रहे,
तेरे महिमा का ही बखान है,
सब धर्म जाति तेरे लिए एक समान हो,
मेरे लिए तो आप ही मेरी पहचान हो,
हर तरफ हो शोर तेरे जय घोष का,
बम बम से गूंजता हर आसमान हो,
आंखो मे है तेरे शीतलता ,
हृदय से आप दयावान हो,
क्रोध है आप का प्रचंड सा,
मानो मौत का फरमान हो,
हर दर्द की हो दवा बस आप की,
मेरे तो आप की ईश प्रधान हो,
मै हो जरा सा शूल सा,
करता रहता हूं हमेशा भूल सा,
मै हूं अज्ञानी मूर्ख हूं,
और मै पागल धूर्त सा,

मै भटक रहा हूं दर बदर,
मेरी मुझे पहचान दो,
आ गया मै भी तेरे शरण,
शरणागत समझ कर क्षमा दान दो,
मुझे कोई ना अब भा रहा,
वजूद खोता जा रहा,
आरंभ लगता अब अंत है,
कोई भी रास्ता ना दिखा रहा,
मेरे भी मेरे अपने करीब था,
वह सक्स ही मुझको ही डूबा रहा
तेरे नाम से ही मेरा पहचान पहचान रहे,
मेरे होठों पे सदा मुस्कान रहे,
भले कीमत मेरी जान रहे,
पवन अमित त्रिवेदी कनपुरिया भाऊ

40. हे लम्बोदर है गणनायक

हो तेरी ही जय जय कार,
तुमसे है सारी दुनिया,
करते सब का उद्धार,
तेरी महिमा सब से बढ़कर,
सब है कर्जदार ,
मै हम है नादान और मूर्ख भी ,
ना है कुछ भी ज्ञान,
हे उमा पति सुत करुणा निधान,
तेरे चरणों में मेरा जहान ,
जय श्री गणेशा देवा,

41. सभी धर्मो का मै करता हूं आदर

सभी धर्मो का मै करता हूं आदर
लेकिन हिंदू धर्म को श्रेष्ठ मानता हूं,
सभी भाषाएं मुझे लगती है मोहक,
लेकिन हिंदी को ही मै अपना गुरु मानता हूं,
और एक बात ,
इस आधुनिकता की दौर ने लोग खुद को
बदल रहे है,
भुला कर हमारी संस्कृति और तौर तरीके,
अंग्रेजी भाषा, के तौर तरीको की ओर अग्रसर हो रहे है,
माना अंग्रेजी है जरूरी क्या हिंदी भुला दे क्या,
अभी समझदार भी ना बन सके,
क्या खुद को फिर से जाहिल बना ले क्या,
हमे ही पूरा सनातन धर्म को बचाना होगा ,
एक बार फिर से हिंदी भाषा को ही सर्वोत्तम सर्वोपरि बनाना
होगा,

42. जिंदगी के राहों

जिंदगी के राहों में हर खुशी छोटी, हर दुख आसमान नहीं होता,

भटकता है खुद ही मंजिल के तलाश में ,

रास्तों में गिर कर संभलता है,

जिनको नहीं देता कोई भी सहारा,

उन्हे अकेले ही सफर मे निकलता है,

जिसने गुजार दी उमरे तमाम ठोकर खाते खाते,

उन्हे कहां दिल दुखाकर किसी का सुकून मिलता है,

कमियाबी यूं ही नहीं मिलती किसी को ,

कभी कभी इसे पाने के लिए वो नंगे पांव भी चलना है,

सुखद एहसास की कामना मे हो,

पता भी है इसकी तलाश खुद कितनी देर तक जलता है,

आज असफल हुए हो कल जीत भी होगी क्यों खामखां ही चुनौतियों से डरता है,

जो कुछ नहीं कर सकता है जीवन में, वही लोगो मै कमियां तलाश करता है,

जो डर रहा है जमाने भर की बातो से वो भला कहां दरिया पार करता है,

कहां हुई है अभी विजय तेरी जो सब को पराजित कर देगा,

बदले के भाव में क्यों हर रोज तिल तिल मरता है,

वैसे भी इस दुनिया के रस्मों रिवाज मे बंधकर कर रहना आसान नहीं होता,

किसी के बिना रहना, होता है कष्टदायक लेकिन

मौत के समान नहीं होता,
कोई उतरा नजरो से, कुछ इस तरह, अब हर किसी पे एतरा
म नहीं होता,
जिंदगी के राहों में हर खुशी छोटी हर एक गम
आसमान नहीं होता,

43. तुझपे अभिमान था कि तुम नहीं बदलोगे

मै गिरा और फिर से ना संभाला गया ,

कई बार दिल मेरा हवा मै उछला गया,

उलझने थी जहन मे मेरे भी बहुत ,

मुझमें बहुत सी गलतफहमी पाला गया,

जो मेरे साथ था कभी पारिछाई की तरह,

उसी से मै ना संभाला गया,

आखों मे थी तेरी सूरत जहन में तेरी ही बाते,

मै खुद से, खुदा से ,और आइने से भी निकाला गया,

कभी संजो कर रखी थी सब से छुपा कर तस्वीर तेरी,

मेरे सामने ही तेरी आखिरी निशानी जला डाला गया,

रेत की तरह मै भी बिखरा हथेलियों से तेरे,

मेरे यादों को भी मार डाला गया ,

दीवानगी तेरे प्रति मेरा एक तमाशा बन कर रह गया,

मेरा भी यारो तेरे घर के सामने से जुलूस निकाला गया ,

अब मुझे नफरत है तेरे नाम से भी ,

ये खबर कल अखबार में निकाला गया ,

मै ये जानता हूं तुम परी हो अपने पापा की

उन्ही से संभलोगे ,

तुम भी बदल गए ना जमाने की तरह

तुझपे अभिमान था कि तुम नहीं बदलोगे,

पवन अमित त्रिवेदी कनपुरिया भाऊ

44. चांद भी दीवाना लग रहा है

तुम तो पर्दे मे कमाल लगते हो,
सब से अलग बेमिसाल लगते हो,
यादों से तुम मेरे जाते नहीं हो,
हर किसी को लुभाते रहे हो,
मुझे तेरी हर एक अदा पागल कर जाती है,
मानो हर रात कोई सपना दिखाती है,
जो नहीं मिलती मुझे सब के सामने,
वही ख्वाबों में मिलने आती है,
जैसे कोई अफसाना लिख रहा है,
ये चांद भी तेरा दीवाना दिख रहा है,
मुझे याद है तेरा यूं मुस्कुराना ,
आंखो से ही सब कुछ कह जाना,
जब तुम मुझे अपना बताते थे,
ये कहने में भी तो बहुत शरमाते थे,
तुम बालों को जब जब संवारती थी,
प्यार से मुझे ए जी पुकारती थी,
मै अब तक नहीं भूला तेरे हाथ खाना,
मेरे हल्की सी चोट पे आंखो में आंसू आना,
मुझे अच्छा तुझसे दिल लगाना लग रहा है,
ये चांद भी तेरा दीवाना लग रहा है,
तुम्हे पसंद था ही नहीं कोई भी मेरा बाद,
खुश थे दोनों एक दूजे के साथ,

मुझे भी तुम्हारा ही इंतजार रहता था,
प्यार था कि नहीं ,
लेकिन मै भी मिलने को बेकरार रहता था,
मै तो तेरा ही रहूंगा ये वादा किया था ,
शायद तुम ने वादा निभा ही लिया था,
मेरे एक गलती ने तुम्हे खो दिया,
मै हंसते हंसते फिर से एक बार रो दिया,
पाने की जिद मे चंद खुशियां ,
मैंने तुमको। खो दिया,
अब दुनिया भी मुझे पागल खाना लग रहा है,
ये चांद भी तुम्हारा दीवाना लग रहा है,
पवन अमित त्रिवेदी कनपुरिया भाऊ

45. जीने की उम्मीद तुमसे है

मै हवा सा बेघर नकारा रहा,

पथिक सा थका हारा रहा,

आज मै हूं जिम्मेदार अपने हालत का,

कभी मै तेरे आंखो का तारा रहा,

मेरी हर मीत है तुमसे ,

जीने की उम्मीद है तुमसे ,

वक्त ने कुछ ऐसे निचोड़ा,

मुझे कहीं का भी ना छोड़ा,

उम्मीदों ने मुझको जिंदा ना रखा,

करता भी क्या था मै बेबस बेचारा,

माना मै निठल्ला और नकारा रहा,

कभी मै तेरे आंखो का तारा रहा,

कर्मों के आग में जलाया गया,

तपा के मै सोना बनाया गया,

माना मेरा किरदार था सब से अलग,

फिर भी मै ही क्यों हर बार आजमाया गया,

जैसे फलक से टूटा सितारा रहा,

कभी मै तेरे आंख का तारा रहा,

एक दिन मेरा ये भरम भी ये टूटा,

मै अकेला रहा साथ सब का ये छूटा,

सच ही बताती थी जिसके बारे में दुनिया,

खोखली चाहत किरदार था झूठा,

बस खुदा का ही मुझको सहारा रहा,
कभी मै तेरे आंखो का तारा रहा ,
मेरी सच्ची प्रीत तुमसे है
जीने की उम्मीद तुमसे है
समाप्त
पवन अमित त्रिवेदी कनपुरिया भाऊ,

46. श्याम तेरी मोहन मुरलिया

यशोदा का कृष्ण कन्हैया ,
सब को बड़ा सताता है
कभी कभी। वो सब को भाता,
कभी सब को नाच नचाता है,
हंसमुख सा वो सबका दुलारा,
मन मोहक छवि से ,
मन मोहित कर जाता है,
राधा का है गिरधर नागर ,
माखन चोर कहलाता है,
श्याम तेरी मोहन मुरलिया,
मुझे भी पागल कर जाता है,
तुम बिन सब सूना है,
कहीं भी तो अब चैन नहीं है,
सुंदर होंगे बहुत यहां,
तेरे जैसे कजरारे नैन नहीं है,
इंतजार हमेशा तेरा है,
मुझको कोई वहम नहीं है,
तेरी यादें मुझे हर वक्त रुलाता है,
श्याम तेरी मोहन मुरलिया
मुझे भी पागल कर जाता है,
तेरी महिमा कोई ना जाने,
कितने असुरों को मारा है,

पूतना के लेकर कंस तक
सब को ही संघारा है,
जों सब को बहुत पसंद है जी,
वो माखन तुम को प्यारा है,
मै भी तो कोई गैर नहीं,
फिर क्यों ना मुझ पे ,
ध्यान तुम्हारा है,
मैंने सब कुछ खो ही दिया ,
ये तन मन तुम पे वारा है,
संकट के घड़ी आपके शिवा मुझे
कौन बचाता है,
श्याम तेरी मोहन मुरलिया ,
मुझे पागल कर जाता है,
राधा का प्रेम अमर है शायद,
रूक्मणी का साथ निभाया है,
कान्हा जी आप मेरे समझ से ही बाहर
मीरा के प्राण बचाया है,
कृष्ण सुदामा की मित्रता को
कोई भी भूल ना पाया है,
बदहाल , गरीबी सखा को देख कर
चक्षु से नीर प्रवाह बहाया है,
द्रोपती के पुकार को सुनकर
नारी धर्म का मान बचाया है,
युद्ध में पांडवो की तरफ रहकर,
धर्म को जीत तक पहुंचाया है,
हारे हुए इंसान का घनश्याम मेरा,
सहारा बन जाता है,

श्याम तेरी मोहन मुरलिया,
मुझे पागल कर जाता है,

47. मुझे अब ना किसी आइने की जरूरत है

मुझे अब ना किसी आइने की जरूरत है,

हर पल है तेरी याद साथ है ,

मेरी जिंदगी भी खूबसूरत है,

तुझे मेरी जरूरत है, मुझे तेरी जरूरत है,

इतना क्यों कयामत ढा रहे हो ,

सब को क्यों याद आ रहे हो,

जब जाना ही है मेरे किस्मत से,

तो वापस क्यों आ रहे हो,

चाहत तुम्हारी ही तो थी कमियाबी पाने की,

पंख लगाकर आसमान में उड़ जाने की,

सब से अलग एक नई दुनिया बसाने की,

मुझे रंज है आप के सपनो की दुनिया से,

आप नाकामियाब होके भी, मुस्कुरा रहे हो,

कुछ तो रहम करो क्यों इतना सता रहे ही,

आंखो मे आज तक तेरी ही सूरत है,

तुझे मेरी जरूरत है, मुझे तेरी जरूरत है,

किसी के बिना जीना कहां आसान होता है,

आंखो में बेरंग एक जहान होता है,

जो हंसता है महफ़िल में साथ सब के,

अकेले में सब कुछ उसका बीरान होता है,

उजालों में शान से गुजरता है जो वक्त,

अंधेरों में चिराग भी एक दोस्त के समान होता है,

भूल जाना तो फितरत है इन लोगों की,

मिलने से भी कहां जीना आसान होता है,

इश्क, प्यार, चाहत क्या है ये,

क्यों कर रहे हो फिजूल की बाते,

बिछड़कर खुद से ही वो परेशान होता है,

अब कोई हूर भी कहां इतना खूबसूरत है,

या शायद झूठ कह रहा हूं मै,

कि तुझे मेरी जरूरत है मुझे तेरी जरूरत है,

समाप्त

पवन अमित त्रिवेदी कनपुरिया भाऊ

48. कुछ तो है तेरे मेरे दर्मियाँ

अभी कैसे करूं कोई वादा कोई ,

पहले अच्छी तरह से जान लूं,

जो धड़का था कभी तेरे लिए,

उस दिल को मै संभाल लूं,

जो था पहले कभी भ्रम ,

उस वहम से खुद को तो निकाल लूं,

मानता था पहले सब कुछ तुम्हे ,

अब परमपिता को अपना मान लूं,

जो था कभी वो शायद ख़तम हो रहा है,

जो है तेरे मेरे दरमियान, मुझे लगता है वहम हो रहा है,

कभी ऐसा भी होता है कि,सब साथ होने पे भी

हम खुश नहीं होते,

लोग कहते है , वो कायर ही होते है जो हर बात पे रोते,

जो खोजता है खुद को ,गैरों की अक्स में वही अपना वजूद है होते,

आप उनकी याद में, खुद को क्यों इतना मायूस कर रहे हो,

तुम्हे पता नहीं है क्या मतलबी दुनिया में कोई किसी के नहीं होते,

देखते देखते वो किसी और का सनम हो रहा है,

जो है तेरे मेरे दरमियान, मुझे लगता है वहम हो रहा है,

हम गैरों के खातिर ,अपनों को रुलाते बहुत है,

झूठी शान में खुश होकर इतराते बहुत है,

खुद है जाहिल बड़े लोगो को समझाते बहुत है,
जब साथ थे तो कोई परवाह नहीं, जब चले गए याद आते बहुत है,
तूझे खोने का अब गम हो रहा है,
जो है तेरे मेरे दरमियान, मुझे लगता है वहम हो रहा है,
देखते देखते वो किसी और का सनम हो रहा है,
औरों पे अब नजर ए करम हो रहा है,
तेरे होने का मुझे अब वहम हो रहा है,
भाई sorry मेरा ये मुद्दा ख़तम हो रहा है,
पवन अमित त्रिवेदी

49. प्रेम जीवन का आधार है

हे ईश्वर आप को जगत पिता,
आप की पालन हार है,
हम है सब अज्ञानी यहां,
मूर्ख और बेकार है,
आप से ही है समस्त संसार,
आप की करते बेड़ा पार है,
करुणा निधान आप ही ज्ञान के भंडार है,
ये मै भी जानता हूं
आप का प्रेम मेरे जीवन का आधार है,
मुझे किसी का नहीं प्रभु,
आपका सहारा है,
ना मै किसी का भी यहां ,
ना कोई हमारा है,
मुझे कुछ भी नहीं चाहिए,
सब कुछ आप पे वारा है,
मेरी किस्ती है बीच में,
मुझे कुछ भी ना समझ आ रहा है,
आ जाओ जगत पिता,
आप का ही तो मुझे सहारा है,
ये समस्त दुनिया मिथ्या का भंडार है,
ये मै ही जानता हूं
आप प्रेम मेरे जीवन का आधार है,

मैंने पुकारा आप को आना होगा,
मोहनी सूरत आप को दिखाना होगा,
मै भटक रहा हूं मंजिल की तलाश में,
हमे सत्य का मार्ग पे लाना होगा,
अगर मै नादानी मे बहके कदम,
आप को ही तो बचाना होगा,
आपके चरणों में विनती बारम्बार है,
ये मै भी जानता हूं,
आप का प्रेम मेरे जीवन का आधार है,
मै खुश हूं की आप मेरे कथन
पे एक बार फिर से विचार करेंगे,
हम मरते दम तक,
आपके फैसले का इंतजार करेंगे,
मुझे संसार में सब ने परेशान ही किया,
भरोसा है आप पे मुझे ना इंकार करेंगे,
इबादत, पूजा , आरती, सजदा , मै नहीं
जनता अज्ञानी हूं ना,
मुझे ये पता है आप ही मेरा कल्याण करेंगे,
मेरा उद्धार करेंगे,
मेरा जीवन आप का ही कर्जदार है,
ये मै भी जानता हूं,
आप का प्रेम मेरे जीवन का आधार है,
पवन अमित त्रिवेदी कनपुरिया भाऊ,

50. नगमे तेरे प्यार का गुनगुना रखा है

इश्क में तेरे खुद को मिटा रखा है,
वो आएंगे एक दिन यही सब को ,
बता रखा है,
मै क्यों करू जिक्र उनका ही,
जब उन्होंने अपना एक सदी से ,
बना रखा है,
मेरे यादों से वो कभी गए ही नहीं,
वो है अगर खुद की नजरों में खुदा,
तो ये ही सही,
मैंने चाहत के दिए को जला रखा है,
नगमे तेरे प्यार का गुनगुना रखा है,
गुजारे थे बचपन साथ साथ,
अब उनके बिना ही जिए जा रहे है,
मुझसे बिछड़कर शायद खुश वो भी नहीं थे,
अब जहर जुदाई पिए जा रहे थे,
वादा था मिलेंगे कभी किसी मोड़ पे,
तेरी बाते यूं तड़फा रहे है
आंखो मे अनगिनत सपने लिए,
राहों में उनके चले जा रहे है,
खुद को उनके काबिल बना रखा है,
नगमे तेरे प्यार के गुनगुना रखा है,
वो आएंगे एक दिन ये सब को बता रखा है,

किसी से भी हो सकता है ये इश्क कोई करार नहीं है,

तुम ही चाहो, उसे कोई परवाह ही नहीं , वो प्यार नहीं है,

इंतजार करके मुझे क्या मिलेगा, जब तुमने हां कह दी,

लेकिन तेरे पापा तैयार नहीं है,

गुनाह की है शायद तभी जो मेरा है, वो किस्मत में नहीं है,

कैसे कहूं तू मेरा दिलदार नहीं है,

मैने आंखो में सूरत उनका बसा रखा है,

नगमे तेरे प्यार का गुनगुना रखा है,

अमित पवन त्रिवेदी

51. तुम्हारा भी दिल बेताब है क्यों

जो कल था वो आज नहीं शायद,

ये है आखिरी मुलाकात शायद ,

आंखों में अब भी अनगिनत ख्वाब शायद,

बदला तेरा क्यों ये अंदाज शायद,

जब दिल में है ही नहीं , वो करता आज भी
याद है क्या,

दिल तुम्हारा भी बेताब है क्या,

मेरी चाहत का असर शायद ना हो पाएगा,

मुझे याद करके क्या खुद को क्या खो पाएगा,

जो मेरा कभी हुआ ही नहीं ,

क्या तेरा वो हो पाएगा,

मै ना भुला ही नहीं ,क्या उसे मै याद हूं क्या,

क्या तुम्हारा भी दिल बेताब है क्या,

सुना है प्रार्थना खुदा सुनता है,

यार मेरी कहां सुनता है,

जो था बहुत ही खुश साथ मे तेरे,

वो अब करता केवल अपने मन का है,

मै मानता हूं प्रेम ना हो तो रिश्ते कायम
ही नहीं,

यार पागलपन नहीं है तो क्या है यहां,

क्यों हर जगह तू वफा क्यों चुनता है,

जों कर रहे विदा मुझे नम आंखो से ,आखिरी मुलाकात है
क्या,
क्यों तुम्हारे बिना मुझे कुछ भी भाता नहीं,
क्यों भुला सब की हर बात है क्या,
तुम्हारा दिल बेताब है क्या,
वो इतना भी खास है क्या,

52. दिल की बातें हम होठो से बयां नहीं करते

पहले हंसाकर किसी को रुलाया नहीं करते,

हम वो है जख्म हर किसी को दिखाया नहीं करते,

छुपाए नहीं जाते राज इन आंखो के,

दिल की बातें हम होठों से बयां नहीं करते,

जो मेरे कभी थे ही नहीं याद करके क्या मिलेगा,

कुछ जख्म को जख्म ही रहने दो उनको दिखा कर क्या मिलेगा,

इंसान तो इंसान ही है कोई फरिश्ता नहीं हमेशा इनसे दगा मिलेगा,

पूजा, अर्चना, इबादत, सजदा, सब व्यर्थ है अगर मन साफ नहीं है तो कभी ना खुदा मिलेगा,

मूर्ख है जो सच्चे दिल से सब के सलामती की दुआ नहीं करते,

दिल की बात हम होठों से बयां नहीं करते,

वक्त के साथ सब कुछ पहले जैसा नहीं रहता,

रिश्तों की असर हमेशा एक जैसा नहीं रहता,

खुद को मसीहा मानने वालों जरा सा संभल जाओ,

मतलब के बाद इनके लिए खुदा भी खुदा नहीं रहता,

कितने बार बोले आपसे की अगर दिल टूटा ही किसी का उसे सताया नहीं करते,

दिल की बाते दिल में रहती है हम होठों से बयां नहीं करते,

माना आज हमारे लोग ही नहीं हमारे साथ है,

खुश हूं मै कम से कम होने का एहसास है,
दर्द आंसू, गम , जुदाई क्या है कुछ खास नहीं है,
दिल तो है लेकिन जो थी लालसा मर मिटाने की,
वो बात नहीं है,
वैसे भी खुद से हारे इंसान को और हराया नहीं करते,
दिल की बाते हम होठों से बयां नहीं करते,

53. मत राह देखो उसकी जिसने तुम्हे जिंदगी के कठिन राह में छोड़ दिया हो

क्या करे अब बात उनकी ना कभी मेरा हुआ ही नहीं,

था महज एक ख्वाब मिला वो मुझे हकीकत में नहीं,

क्यों सुने हम किस्से लैला मजनू के चाहत के,

क्यों पढ़े खत इश्क और mahobbat के,

क्यों देखे साथ बैठकर सपने मिलने मिलाने के,

खुद से अधिक किसी और पे विश्वास जाताने के,

क्या कहे जिसने भरे महफ़िल में दिल तोड़ दिया हो,

मत राह देखो जिसने जिंदगी के कठिन राह में छोड़ दिया हो,

वक्त के साथ ये याद किसी को कौन रखता है,

दिन में चिरागों को जलाकर कौन रखता है

जिसपे होता है भरोसा हद से ज्यादा,

हक दिल तोड़ने का, उसके पास होता है,

वो जा चुका है ,क्या पाया अब क्या खोता है,

तू बेवजह उसके लिए क्यों रोता है,

रात भर जागकर देखे थे साथ में सपने कभी,

देख लेने भला क्या सच भी होता है,

रुख था कभी मेरे ही तरफ अब कहीं और मोड़ लिया हो,

मत राह देखो जिसने जिंदगी के कठिन राह में छोड़ दिया
ही,
वक्त नहीं ठहरता किसी के लिए भी हमे खुद ही
वक्त के साथ चलना पड़ेगा,
अब यादों से उनके निकालना पड़ेगा,
गिर गए हो आप राहों में अगर क्या पड़े ही रहोगे,
उठ के फिर आपको ही संभलना पड़ेगा,
वो एक ख्वाब था महज एक ख्वाब,
हकीकत से सामना भी करना पड़ेगा,
यहां कोई किसी का नहीं होता है मां बाप के शिवा,
देर से ही सही लेकिन संभलना पड़ेगा,
मशाल सच का लेकर इस बार तुम्हे,
ही निकालना पड़ेगा,
झूठ का सहारा लेकर जिसने सच का रुख मोड़ दिया हो,
मत राह देखो जिसने जिंदगी के कठिन राह में
छोड़ दिया हो,
एक बात बताओ आप मुझ में ही ऐसा क्या दिखता है,
भूख लगने पे प्यार नहीं भोजन दिखता है,
ये इश्क सीमित नहीं रहा रूह तक,
कीमत सही हो तो यहां सब बिकता है,
जी भटकता था कभी मेरे आगे पीछे ,
अब वो किसी और के साथ दिखता है,
ये आप ही तय करो आपको क्या करना है,
खोए रहना किसी के यादों में ,
मंजिल तक सफर तय भी करना है,
हर बात तुम्हारे भावनाओं को निचोड़ दिया हो,
मत राह देखो जिसने जिंदगी के कठिन राह में

छोड़ दिया हो,।
पवन अमित त्रिवेदी कानपुर

54. एक खामोशी सी लहर मेरे सीने में है

अब ना है कोई साथ मेरे हर घड़ी हूं मै एहसास तेरे,

तेरी बाते भी तेरी तरह ही थी केवल फरेबी,

कहां था ,तेरे हाथ में हाथ मेरे,

यादों में ही मेरे साथ जिंदा रहा कई महीनों मेंहै,

एक खामोश सी लहर मेरे सीने में है,

अब बिन तेरे गुजरा कर रहे है,

हर पल तुझे याद कर रहे है,

भय था नहीं मै किसी से भी पहले कभी,

लेकिन अब डर के आगोश में ,

खुद से ना चाहते

समझौता कर रहे है,

तेरे बाद भी तो हम मर रहे है,

अब कोई फर्क नहीं है तेरे होने या ना होने से है,

एक खामोश सी लहर मेरे सीने में है,

क्या कहा की हम तेरे बिना रह नहीं पाएंगे,

पीछे पीछे तेरे हम पागलों की तरह आएंगे,

अनकही अनगिनत बाते हमेशा याद आयेंगे,

भूलना है तुम्हे भूल जायो मुझे,लेकिन हम ना भूल
पाएंगे,

तुम्ही कहो कब तक झूठी आश में आपके घर के
बाहर सैकड़ों चक्कर लगाएंगे,

सपने में ही सही लेकिन आज भी मेरे आशियाने में है,

एक खामोश सी लहर मेरे सीने में है,

55. ये मेरा भारत है साहब नारायण क्या पत्थर भी पूजा जाता है

कान्हा का प्रेम सरोवर सा, हनुमान सा स्वामी भक्त
कहीं और नहीं मिल पता है,

खुशी श्रद्धा और भक्ति से गाथा सुनकर सबका हृदय आनंद
विभोर हो जाता है,

ये मेरा भारत है साहब नारायण क्या पत्थर भी पूजा जाता
है,

यहां हर बच्ची देवी है, हर बालक ईश्वर का स्वरूप माना
जाता है,

ये तपोभूमि है ऋषियों की, सदाचार और शिष्टाचार सिखाया
जाता है,

धर्म अगर हो संकट मे क्षत्रिय क्या ब्राह्मण, भी शास्त्र
छोड़कर शस्त्र उठाता है,

बहनों की शान में क्या कहें पवन,

मानो वक्त ठहर सा जाता है ,

मान प्रतिष्ठा हक के के खातिर लक्ष्मीबाई बनकर ,

अंग्रेजों से लड़ते लड़ते मिलती है वीरगति,

लेकिन इतिहासों के पन्नों नाम अमर हो जाता है,

ये मेरा भारत है साहब नारायण क्या पत्थर भी पूजा जाता
है,

56. तुम साथ देना मेरा

गमों से लड़ रहा हूं मै,
साथ था कभी सबके ,
अब अकेला ही चल रहा हूं मै,
गिरा कई बार अब संभल
रहा हूं मै,
जब कोई भी ना हो सहारा,
ना मिले दर्द का किनारा,
जब कोई ना हो हमारा,
दिल ने तुम्हे पुकारा,
तब तुम साथ देना मेरा,
माना इस राह मे अनजान मै,
खुद से ही परेशान मै,
दिल का हूं स्वतंत्र ,
लेकिन कर्म से हूं गुलाम मै,
चारो तरफ कुहसा अंधेरा घना,
जब खो दूं पहचान मै, तब
तुम साथ देना मेरा,
मुझे आज भी विश्वास है,
,बची आखिरी आस है,
कोई नहीं है अपना कोई,
आप ही सबसे खास है,
जब टूटेगा विश्वास ,
तब साथ देना मेरा,

57. पिता एक उम्मीद का सागर

आशाओ की बगिया में एक से बढ़कर
एक यहां फुलवारी है,
जो करता रहता सदा हिफाजत ,
उसकी बात निराली है,
पिता है एक उम्मीद का सागर बाकी ,
छोटी छोटी नदियां प्यारी है,
एक छोटे बालक ही आश है जो,
उम्मीदों मे कई रात गुजारी है,
अगर ममता की देवी मां ही है, तो
पिता करुणा निधान बनवारी है
पिता है उम्मीद का बहता सागर और
सभी छोटी छोटी नदियां प्यारी हैं ,
ईश्वर का को आमूल्य वरदान है ,
जिसकी खुद ही अद्भुद पहचान है,
वो सक्स नहीं मानो एक फरिश्ता हो,
कदमों मे जिनके सारे तीर्थ तमाम है,
गुजरा संघर्षों में पूरा जीवन उनका,
हमने दिया नहीं तनिक भी ध्यान है,
खुद को समझा है मसीहा मैंने,
किया खुद मे बहुत गुमान है,
पिता से है घर में बरकत,
पिता मेरा गीता और कुरान है,

क्यों ना करू नाज इनपर ,

मेरी फरमाइशों की दुकान है,

मां को अभिनंदन है,पिता हमारी जान है,

पिता एक उम्मीद का सागर मुझको अभिमान है,

हार के भी जीत की उम्मीद पलता है पिता,

करता है आज कल मे ना टालता है पिता,

मुसीबतें मेरा क्या बिगाड़ लेंगी जनाब,

मेरी हर तकलीफ आसानी से निकलता पिता,

जब जब मै हार जाता खुद से ही ,

लड़खड़ाते कदम को संभालता पिता,

खुद की के दर्द में कुछ भी कहता नहीं,

जिम्मेदारियां मे हंसकर दिन निकलता पिता,

पिता है एक उम्मीद का सागर मुझे अभिमान है,

खुले आसमान में मानो मेरा सारा जहान है,

58. किसी की जिंदगी ना सही कम से कम जीने की वजह तो बनो

किसी के राहों से पुष्प ना सही कम से कम शूल तो ना बनो,

जीने के और भी तरीके है कम से कम आंखो के धूल तो ना बनो,

शान से सीना एक अलग पहचान है मानता हूं

जनाब कम से कम किसी के टूट रहे वसूल ना बनो,

प्रेम मानता हूं महान है राधा और श्याम का ,

कभी मीरा का इंतजार तो बनो,

माना आज साथ दे रही है किस्मत तुम्हारी, वक्त से साथ नहीं चल पाएगी कम से कम किसी के मदद करके वाले हाथ तो बनो,

जो तुम्हारा था कभी सिर्फ अब हर किसी की चाहत बन के रह गई है, कम से कम किसी का

विश्वास तो बनो,

दर्द मे तुम मुस्कुराया करो क्योंकि यही सच्चा साथी है ,रहता है किसी ना किसी रूप कम से कम

किसी की खुशी का राज तो बनो,

यूं मंजिल की तलाश में में मिल जाएंगे अनगिनत

रास्ते, तलाश हो गई क्या पूरी, कम से कम लोगों के मजाक ना बनो,

मै भी जानता हूं कि सब मेरे हक मे नहीं और तेरे भी नहीं,
जिसने जन्म दिया और जिसने तुमको हर मुसीबत से
बचाया है कम कम आज उनके आस तो बनो,
लगता है कि धन ,दौलत ,यश ,और ,वैभव ,मिला है आपको
विरासत मे ,
कर के सद उपयोग नवाब तो बनो,
ये मतलब का दौर है सब यहां रिश्तेदार सब मतलबी है
,जरा सोच समझ कर ही पवन ,
लोगों के सुने अल्फ़ाज़ तुम बनो,
पवन अमित त्रिवेदी

59. भाई बहन का जो नाता है

हर रिश्तों से ज्यादा साथ निभाता है,
जिसकी बहन है लाडली , प्रेम ही प्रधान है,
थोड़ा है शरारती लेकिन दीदी का सम्मान है,
जब जब आती है रक्षा अपनी परिवार की,
दिल क्या जान भी लुटाता है,
भाई बहन का जो नाता है,
हर रिश्तों से ज्यादा साथ निभाता है,
वो भाई ही है जो सम्मान दिलाता है,
हर समस्या बहन के पास आने से पहले,
कोई उपाय खोज लाता है,
वैसे तो छोटा है सबसे , सबके मन को भाता है,
डरता है सब से कहने में सकुचाता है,
लेकिन जब बात बहन की हक की हो,
अपने पापा से भी लड़ जाता है,
भाई बहन का जो नाता है,
हर रिश्तों से ज्यादा साथ निभाता है

60. आजादी

आजादी के धुन के वो शहीद शमा नहीं
परवाने थे,।
जो मिट गए वतन के लिए सबसे बड़े दीवाने थे,।
एक नशा था इस आन का जो हर किसी के
समझ से बाहर था,
बेबस था जब मेरा भारत जुल्मों का बरस
रहा कहर था,
जिनको दी थी लालच मे आकर रहने कि जगह,
उनके काले शाए में था वतन ,और जल रहा हर
एक शहर था,
जिसने मिटा दिया खुद देश के लिए वो देशभक्त बल्दानी
थे,,
आजादी के धुन के वो शहीद शमा नहीं परवाने थे,
हद से भी अधिक जुल्म होने लगे ,
हम अपने शहर में ही कैद होने लगे,
किसी को भी अंग्रेजों ने बख्शा नहीं,
बच्चे, जवान , औरत , सब के सब
गुलाम होने लगे,
गुलामी मे हमारी जिंदगी और भी बद्दार होने लगे,
खुद का अस्तित्व भी हम सब खोने लगे,
मिलती थी पहले काम करने के मजदूरी,
अब गाली और कोड़े भी से स्वागत होने लगे,
कैद हो गई सांसे तक अब मौत के नींद सोने लगे,

हमारी हस्ती को मिटाने वाले कर रहे नादानी थे,

आजादी के धुन में वो शहीद शमा नहीं परवाने थे,

सुना है जब जुल्म हद से ज्यादा बढ़ जाता है,

तो इंसान हक के लिए खुदा से भी लड़ जाता है,

आजादी की हवा इस कदर भा गई,

लाखो नवजवानों को मौत के नींद सुला गई,

जो किया था वादा भारत मां से वो भी तो निभाने थे,

आजादी के धुन में वो शहीद नहीं शमा नहीं परवाने थे,।

मत पूछो क्या है कीमत क्या हमने चुकाया है,

लाशों की ढेर में खड़े होकर हमने तिरंगा फहराया है,

जब बही है खून की नदियां और दुश्मन के रक्त

से नहाया है,

तब इस देश को फिर से गुलामी से छुड़ाया है,

सपने सच हो गए फिर भी आंखो में पानी थे,

आजादी के धुन में शहीद शमा नहीं परवाने थे,।

पवन अमित त्रिवेदी

61. प्यार समुंदर से गहरा

प्यार समुंदर से गहरा,
सब लोग कहते है,
दो जिस्म एक जान रहते है,
आसान नहीं है किसी का चाहत को पाना,
दर्द मे आसान नहीं है मुस्कुराना,
खुद को भुला बैठे है जो,
जिसके मुस्कुराहट से जलता था जमाना,
ना जाने क्यों खोए खोए चुपचाप रहते है,
प्यार है समंदर से गहरा ,
सब लोग कहते है ।
किसी को पाने के लिए
क्या क्या नहीं करते,
हर मंदिर मस्जिद में जाकर,
प्रार्थना है करते,
आलम कुछ इस तरह का है,
कभी खुद से कभी उसके भाई से है डरते,
बस उसके लौट के आने का इंतजार ही करते,
इश्क है उससे गलतियों पे भी उसके ख़ामोश रहते,
प्यार समंदर से भी गहरा सब लोग है कहते,
एक रोज हमारा भी काटा जाता है,
इश्क को परिवार जाति,
मजहब धर्म में बांटा जाता है,
ताकत तो मै जानता नहीं,

औकात रुपयों में भी आंका जाता है,

हर दर्द को खुदा की नेमत समझ कर सहते है,

प्यार समंदर से भी गहरा है सब लोग कहते है,

फिर अंत मै कहीं अमीर के घर में ,

उनकी शादी हो जाती है,

बन जाते है उनके लिए मंजनु,

और एक बार फिर से बर्बादी हो जाती है,

मिलती है कभी तो नज़रे मिलाने से भी

घबराती है,

बात कहते कहते चुप सी रह जाती है,

और कहती क्या है,

मै भी हो तो जाती तुम्हारी लेकिन तुम में

वो बात नहीं थी,

शायद हमारे इश्क को समझने की लोगो

में औकात नहीं थी,

मै हो गयी किसी और की गम ना मना,

किसी अच्छी लड़की देखकर तू भी शादी रचा,

शायद ये आखिरी मुलाकात है अब इंतजार ना करना,

हो जाना किसी और का तुम मुझसे प्यार ना करना,

सब लोग कहते है,

और तब हमें समझ में आता है पाकर क्या हो दिया,

जो मेरा हुआ ही नहीं क्यों उनके लिए खुद को

खो दिया,

वो चला गया आंखो से अश्रु धारा ही बहते है,

प्यार समंदर से गहरा है शायद सब झूठ ही कहते है,

62. जिम्मेदारियां को साथ निभाकर चल रहे है

जिम्मेदारियां को साथ निभाकर चल रहे है,

हम दर्दों के अपना हमसफर बनाकर चल रहे है,

हम कहीं मिलेंगे किसी मोड़ पे होंगे साथ कभी,

ये सोच के जरा सा मुस्कुराकर चल रहे है,

ये दुनिया की सभी रीति रिवाज़ो को छोड़कर ,

खुद को बेहतर साबित कर ने के लिए चल रहे हैं,

कभी पिता के कंधे से बैठ कर देखता था नजारा,

माफ करना अब हाथ छुड़ाकर चल रहे है,

हमने भी सपने देखे थे साथ जीने मरने के,

माफ करना वो वादे मिटाकर चल रहे है,

दूर है रास्ता निकला हूं अपने मंजिल की तलाश में,

कहीं देर ना हो जाए ,यही सोच के हम सबसे पहले निकल रहें हैं,

शायद कोई अपना मुझे अपने आंखो से ओझल होने ही ना दे,

इस लिए सब को ठुकरा के चल रहे है,

अच्छा अब इजाजत दो हम निकल रहे है,

63. वीर शहीदों की अमर बलिदानी है

वीर शहीदों की अमर बलिदानी है,
याद करके सहदाद को आ रहा आंखो में
पानी है,
जिसने मिटा दिया खुद को थे सच्चे देशभक्त,
जिनका उद्देश्य अंग्रेजी हुकूमत से देश को आजाद करानी
है,
वीर शहीदों की अमर बलिदानी है,
हर वक्त ये ख्याल आता है,
कोई तो है जो देश की आन को बचाता है,
खुद रहता है दूर अपने ही परिवार से,
हमैं रक्षा के लिए शत्रुओं से भिड़ जाता है,
जो खेतों मे फसल उगाकर भूख मिटाता है सबकी,
एक मरता है बॉर्डर मे,दूजा खेतों में भूखा रह जाता है,
दोनो का महत्व है यहां किसकी सच्ची कुर्बानी है,
वीर शहीदों की अमर बलिदानी है,
हम सब भूले नहीं सब को सब सपूतों,
के कर्जदार है,
जिन्हे याद नहीं बलिदानी वो सच
जाहिल और बेकार है,
जब तक है मेरी सांसों में दम,
हिंदुस्तान की जय जय कार है,
देश के सम्मान और शिरंगे के मान को

हमें ही और आगे तक ले कर जानी है,
जाति मजहब धरम को रहने दो,
सब सच्चे हिन्दुस्तानी है,
वीर शहीदों की अमर बलिदानी है,

64. मुझसे नहीं उस खुदा के डरना होगा

मुझसे नहीं उस खुदा के डरना होगा,
तुम्हे अपने सफर में अकेले ही एक रोज
चलना होगा,
मेरे जाने के बाद भी तू खुश ना रहा
इस ख्याल से निकालना होगा ।
तुम्हे अपने सफर में एक रोज अकेले ही,
चलना होगा,
जो गिर रहे है आंखो से मोती है ये,
ये तुमको कमजोर बनाएंगे,
अगर बैठे ही रहे यादों में,
मंजिल के साथ साथ रास्ते भी खो जायेंगे,
माना रास्ते में कठिनाइयां बहुत है,
गिर गए हो तो खुद ही संभलना होगा,
तुम्हे अपने सफर में एक रोज अकेले ही
चलना होगा ।
घर से मंजिल तक का सफ़र ,
तुम्हे ही तय करना है,
सब की बातों को को अनसुना कर के,
खुद की तलाश में एक रोज ,
निकालना होगा,
तुम्हे अपने सफर मे अकेले ही एक रोज
चलना होगा,।

65. वतन की राह पे शहीदों की खुशबू महके है

वतन की राह पे शहीदों की खुशबू महके है,
हर जुर्म सितम आजादी के लिए जो सहते थे
चुप रहे मुंह से एक शब्द भी ना कहते थे,
लड़ते रहे है आखिरी सांस तक इस देश के लिए,
कुछ इस तरह के देशभक्त भी रहते थे,
सच ही कहा है आपने वतन की राह पे शहीदों की खुशबू
महके है,
जो था पहले वह हाल अब नहीं है,
भगतसिंह राजगुरु सुखदेव जैसे लाल अब नहीं है,
अब देश लड़ रहा है भुखमरी, गरीबी और बीमारी से,
देश भक्ति का रगो में उबाल अब नहीं है,
जो कुर्बान हो रहे इस देश कि रक्षा
खातिर, अब उनके परिवार कहां चैन से रहते है
मै कैसे कहूं कि वतन की राह पे शहीदों की
खुशबू महके है,
कहा था कभी इस देश में
सभी मजहब के लोग साथ साथ खुशी से मिलकर रहते है,
हमे लगता है ये भी सच नहीं है आप क्यों ये झूठ कहते है
पहले सब रहते थे मिलकर और सुनते थे एक दूसरे की
बातों को,
अब सब एक ही परिवार में अलग अलग रहते है,
मै कैसे कहूं वतन की राह पे शहीदों की खुशबू महके है,

यहां कौन होगा खड़ा इस देश के आन के खातिर,
सब में जब आपस में ही झगड़े रहते है,

66. सच को सच रहने ही देते जनाब

सच को सच रहने ही देते जनाब,
क्यों इसे गुमनाम बनाया जाता है,
क्यों नहीं कर पाते रक्षा बेटियों की,
क्यों बेटों को ही आइना ए समाज बताया जाता है,
क्यों भूल जाते है हम लक्ष्मी बाई और दुर्गावती के
बलिदानों को,
बेटियों से भी तो इतिहास रचाया जाता है,
अगर पूजनीय है हर कन्या देवी की तरह,
तो फिर को धरती में आने से पहले ही क्यों नामों
निशान मिटाया जाता है,
बेटे ही क्यों बेटी क्यों नहीं

67. किसके लिए खुद को मिटाने चला था

किसके लिए खुद को मिटाने चला था,
मर के ही क्यों साथ निभाने चला था,
जब तू ही है हर समस्या की जड़,
तो फिर क्यों सब मानने चला था,
साथ तेरा केवल जिस्म तक था,
रूह का रिश्ता बनाने चला था,
जिंदा लाश तो तू पहले से था,
किसी और का घर क्यों जलाने चला था,
चाहत तेरी गर सच होती पवन,
तो फिर क्यों ये कदम उठाने चला था,
तेरे मर जाने से बिगड़ना कुछ भी नहीं है,
किसी और को क्यों रुलाने चला था

68. इस मोड़ पे अगन है तेरी

इस मोड़ पे अगन है तेरी,
अभी और कहानी आयेंगी,
बचपन गुजरा समझौते में,
समझदार जवानी आयेंगी,।
हर मोड़ पे मिलेंगे और बहुत,
जो तुमको झूठ सिखाएंगे,
सच तुम्हारे पास भटके ना,
सारे प्रयास लगाएंगे,
अभी तो तेरी शुरुआत है ये,
अभी और रवानी आएगी,
अभी और कहानी आएगी,।
जो तेरे बस की है ही नहीं,
तो फिर क्यों टांग अड़ाते हो,
सुनते ही नहीं अपने बाप की जो ,
तुम उनको क्यों समझाते हो,
अभी प्रयासों का अंत नहीं,
ये पूरी दुनिया समझाएगी,
अभी और कहानी आएगी ।
जो रूठ गए जो हमसे है,
मेरी वजह से आंखो मे जिनके पानी है,
क्या ग़लत है या क्या है सही ये,
एक रोज सबकी हस्ती मिट जानी है,

रोने से तेरी सुरुआत हुई,
रोते रोते कट जाएगी
अभी और कहानी आएगी।

69. आजाद देश में भी आजाद नहीं हूं मै

आजाद देश में भी आजाद नहीं हूं मै,

बस ये समझ लो जिंदा हूं ,लाश नहीं हूं मै,

जो हो रहे फैसले आमीरों के हक में,

जो दे रहा है सुनाई वो आवाज नहीं हूं मै,

जो बदल देते है वक्त के साथ सोचने

का तरीका,

उनके महान लोगों की तरह,

समझदार नहीं हूं मै,

जो बुन रहे है साजिश मुल्क को

तबाह करने की ,जन्नत के लालच में,

इन जाहिलो की तरह गद्दार नहीं हूं मै,

70. प्रेम प्रसंग ही लगता है

प्रेम प्रसंग ही लगता है आपको भी पसंद है,
सच के सामने खुद को बौना साबित कर रहे हो,
रुला रहे हो कलम को सुरा सुदरियों के वियोग में,
समझदार हो के भी खुद जाहिल कर रहे हो,
भुखमरी , गरीबी, बेरोज़गारी, दहेज प्रथा, रेप जैसे, और भी
सैकड़ों सामाजिक मुद्दे हैं,
इनको अनदेखा कर के खुद को कर्तव्यों से विमुख कर रहे
हो,
मै भी सुन रहा हूं चर्चे बहुत आपके कमियाबी के ,
खुशी है मुझे आप खुद को और बेहतर साबित कर रहे हो,
आज फिर एक दहेज के लालच में किसी की लाडली को
जिंदा जला दिया ,
शान से घूम रहे है अपराध करके ये देख के उसके पिता ने
खुद को ही मिटा लिया,
समझ में आ रहा है ना कि सुन के भी अनसुना कर रहे हो
।

71. सब को अगर झूठ अच्छा लग रहा है

सब को अगर झूठ अच्छा लग रहा है,
तो सच को सच लिखेगा कौन,
अगर खोए रहें हम प्यार भरी बातों मै,
कर्तव्य पथ पे चलेगा कौन,
अगर मां देंगी जन्म सुकोमल फूलों को,
तो नाहर चंडी जानेगा कौन,
अगर सुनते रहे सभी कहानियां हीर रांझा की,
बलिदानी देशसेवा के किस्से सुनेगा कौन,
अगर सब को प्यारी है जान खुद की,
तो देश के लिए मिटेगा कौन,

72. झूठा प्रेम भाग 1

किसी भी सक्स पे यूं आंख बंद करने ऐतबार मत करना,

तनहाई ही सही लेकिन किसी लड़की से प्यार मत करना,

पहले मुलाकात में में मुझे सब अच्छा लगता है,

सब झूठे, केवल इनका प्यार ही केवल सच्चा लगता है,

कभी इशारों से तो कभी अदाओं से लुभाती है,

सब भूल जाते है, केवल इनकी कही बातें ही,

याद रह जाती हैं,

चैन करार खोकर दिल को बेकरार मत करना,

तनहाई ही सही किसी लड़की से प्यार मत करना,

बातों का सिलसिला फोन मे कई घंटो तक जारी

रहती है,

तेरी हरकतों को समझ कर मुझे, शक भी बीमारी रहती है,

तेरा बार बार कॉल लगने पे आपका नंबर व्यस्त बताना,

हर बार पूछने पे सहेली का कॉल था, कह के यूं चुप हो

जाना,

झूठी है बातों में इनके बातों पे ऐतबार मत करना,

तनहाई ही सही लेकिन किसी लड़की से प्यार मत करना,

जो थे कभी खयालों में अब वो सवालों में आएंगे,

हंसती आंखों के ये आंसू दे जाएंगे,

हम साथ रहे या ना रहे, ये भी समझ ना पाएंगे,

और आखिर हम एक दूसरे से अलग हो जाएंगे,

किसी के लिए टूट कर इंतजार मत करना,

तनहाई ही सही लेकिन प्रकिसी लड़की से प्यार मत करना

73. खुदा से बगावत

हर समय लोग भुला के बैठे है
खुद को ही
इन्हे ईश्वर का भी कोई खौफ नहीं है,
गैरों को बनाना चाहते है कमियाब,
अपनी गलतियों कों समझने का शौक नहीं है,
अपनों से ही तो जिंदा है अपनापन,
माना मैंने कोई अब इतना भी खास नहीं है,
खुद करके साजिश अब इंकार कर रहे हो,
पागल ही तभी तो आज तक उसका ही
इंतजार कर रहे हो,
आईं थी एक रोज मिलने टुझसे ही तेरी ही पारिछाई,
क्या हुआ अब खुद को देखकर ही डर रहे हो,
पहले कभी होता था वो सक्स भी अजीज तेरा,
आज देख कर के उसे अपने वादे से ही मुकर रहे हो,
ये आदत आपकी मुझे अच्छी नहीं लगी,
क्यों अब खुद से ही बगावत कर रहे हो,

74. शिव तेरी महिमा अपार है

शिव तेरी महिमा अपार है,
मुझ पे तेरा उपकार है,
किसी का खुदा है तू ही,
तो किसी का पालनहार है।
तेरी गाथा सुना रही है पूरी दुनिया,
सब से तुम्हे प्यार है।
हम भटके हुए हैं राहों में ,
ना हाथ में पतवार है ।
करुणा निदान परमेश्वर ,
चरणों में सर झुका रहे आपको
बारम्बार हैं।
ये जो भी है जीवन मेरा ,
इसमें आप का अधिकार है ।
जो ना कर सकूं भक्ति आपकी,
जीना मेरा बेकार है ।
मै अपने फैसले खुद करूं,
मेरा क्या ये भी मजाल है।
मर्जी के बिना आपके ,
चलता नहीं संसार है।
शिव तेरी महिमा अपार है,
मुझ पे तेरा उपकार है,

75. झूठा प्रेम भाग 2

सब कुछ पहले जैसा हो जाएगा,
किसी मोड़ पे तू किसी और के साथ
नजर आएगा,
जो था कभी सिर्फ मेरा ही ,
हक उसपे किसी और का हो जाएगा,
तेरी तरह उसने तुम्हे दे दिया धोखा,
फिर अमीर सक्स को देखकर तू किसी और का हो जाएगा,
गरीबी में खुदा के अलावा किसी और पे ऐतबार ना करना,
तन्हा ही सही लेकिन किसी लड़की के लिए प्यार ना करना,
इश्क में उसके हम खुद बर्बाद करते है,
कभी सिगरेट कभी शराबियों का साथ करते है,
जिसने बदल लिया दौलत देखकर यार अपना,
हम उस बेवफा को याद करते है,
बिना दौलत के किसी से इजहार मत करना,
तन्हा ही सही लेकिन किसी लड़की से प्यार मत करना,
वैसे भी
तेरे यादों का अब मुझे सहारा नहीं है,
ये दिल इतना भी आवारा नहीं है,
मै ही केवल क्यों मरू तेरे ख्यालों में,
जब तू है किसी और का, हमारा नहीं है,
अंत में यही कहूंगा,
तब तू है किसी और मेरा इंतजार मत करना,
तन्हा ही सही लेकिन किसी लड़की से प्यार मत करना।

ये हकीकत है, मेरा मकसद किसी महिला का अपमान करना नहीं है हम नारी शक्ति का सम्मान करते है,

ये हकीकत है, मेरा मकसद किसी महिला का अपमान करना नहीं है हम नारी शक्ति का सम्मान करते है,

76. पता नहीं शायद सच हो

कभी कभी तो कुछ ऐशा होता है कि मिलने
से पहले होती बहुत सारी शिकायते,
लेकिन देख कर सब भूल जाते थे ना,
सोचा था कभी अपने करीब आने भी ना देंगे उसकी यादों
को भी,
लेकिन आज भी उसका ही होना चाहते थे ना ,
अब मै मुस्कुराता हूं बेवजह ही और कोशिश में हूं कि
मुलाकात क्या ,अब उससे बात तक ना हो ,
क्या सच में उसे और खुद पागल बनाते थे ना,
आपकी जिंदगी से दूर जाने के बाद आज भी मै तुम्हे अपने
करीब पाता हूं क्या मेरी वजह से आप भी आंसू बहाते थे
ना ,
पता नहीं शायद सच हो

77. कैसा रहेगा

जिसके पीछे पीछे चल रहे है परिछाइ की तरह,
वहीं साथ छोड़ दे तो कैसा रहेगा,
जिनको पसंद मेरा बोलते रहना ,
वहीं चुप रहने को बोल दे तो कैसा रहेगा,
जिस वजह से देखना शुरू किया था ये खूबसूरत दुनिया ,
वहीं मेरी जिंदगी में जहर घोल दे तो कैसा रहेगा,
करता था कभी भरोसा जिनपर आंख बंद करके भी,
वहीं अजीज मेरी आंखे खोल दे तो कैसा रहेगा,
जिनके साथ रहकर के सीखा है मैंने जीने का सलीका,
वही पीठ पर खंजर घोप दे तो कैसा रहेगा,

78. जरूरी है

जिंदगी में मुस्कुराना जरूरी भी जरूरी है,
छतो मे पतंगे उड़ाना भी जरूरी है,
हंसना और रोना ये खेल है कुदरत का ,
दर्द को सभी से छुपाना भी जरूरी है,
कोई भी खुश नहीं है अपनों से ,
हर हाल पे क्रोध मे काबू पाना जरूरी है,
सपने सुनहरे देखे है कभी,
वो जो थे पहले अजीज , खाश है अभी,
वक्त हमेशा एक जैसा नहीं रहता,
मायूस मत हो ये बदलेगा कभी,
ये खुद को ही समझाना जरूरी है,
हर हाल पे क्रोध पे काबू पाना जरूरी है,
लोगो को आदत है कहना कब तक
यूं ही टकराओगे,
वैसे भी कम है क्या परेशानियां,
जो और इसे बढ़ाओ गे,
उलझोगे गर गैरों से ,
मुसीबत में तुम भी पड़ जाओगे,
अगर कांच का महल बनाओगे,
एक रोज पत्थर से तोड़े जाओगे,
सपनो मै मुकम्मल कर पाना
जरूरी है,
हर हाल पे क्रोध मे काबू पाना जरूरी है

79. गीत जुदा होंगे नहीं

एक रोज कहा था तुमने कभी,
हम तुमसे जुदा होंगे ना कभी,
चाहे दुनिया हमारी बैरी बने,
एक तेरे बिना हम रहेंगे नहीं,
कांटों से भरा ये जीवन है,
हर एक बना क्यों दुश्मन है,
फूलो की तरह तुम दिल में रहो,
क्यों चुप हो गए, आप कुछ तो कहो,
एक रोज किया था वादा कभी,
तेरे नजरों से ओझल होंगे नहीं,
तेरे यादों में मै भी पागल रहा,
जैसे टूटा तेरा मै पायल रहा,
एक तेरे बाद मै यूं बदल सा गया,
गिरा पहले खुद , फिर सम्भल सा गया,
जो मै सुन रहा हूं, आप वही बात कह दो,
ये भी मै जानता हूं, कहेंगे नहीं,
एक रोज कहा था तुमने कभी,
हम तुमसे जुदा होंगे ना कभी,

80. मेरी मां की अंगुलियों जल गई

मेरे एहसासों में घुल कर वो ,चाशनी में बदल गई,

देखते देखते ना जाने कब मेरी उम्र ढल गई,

गमों मे दौर से मै गुजर ही रहा था, अचानक वो मुझे,
किसी मोड़ पे मिल गई,

जब देखा मैंने उसे तो लगा ऐशा कि तलाश थी एक मुद्दत
से जिसकी वही अधूरी खुशी मिल गई,

हमे साथ देखकर हुआ आंखों में चुभन हुई सबको ,

और सुनकर चर्चे हमारी मोहब्बत के , पता उसके बाप को
चल गई

फिर क्या था हमारी चाहत भी जाति मजहब और धर्म मे
बदल गई,

छलिया था कभी जो दिलों पे राज करता था,

एक दिन वही पगली मुझे ही छल गई,

था कभी मै भी तलाश में मुकम्मल अपने हर एक ख्वाब
के,

टूटा तब जब देखा कि मेरी भूख मिटाने के लिए मेरी मां
की उंगलियां जल गई,

81. लव यू पापा

हम हर एक छोटी सी चोट पे,
परेशान हो जाते थे,
एक वही थे जो असहनीय,
पीड़ा में भी मुस्कुराते थे,
हां मै मानता हूं
मेरे हर एक खता, पे ,
पीटते, चिल्लाते थे,
लेकिन यार ये क्यों भूल जाते है,
और बाद में बड़े ही प्यार से मुझे
अपने सीने से भी तो लगाते थे,
मैंने आप सा किसी को दानी नहीं देखा पापा,
मेरी हर जरूरत को पूरा करने के लिए अपना,
स्कूटर बेच कर पैदल ही काम पे निकल जाते थे,
जो आज तक नहीं कह पाया आप से
I love you dady

82. इससे बुरा क्या होगा

दिल में हर एक राज छुपाने से से क्या होगा,
याद में अश्क बहाने से क्या होगा,
जब वो साथ था तेरे तब शायद गुरूर में थे,
अब हर दिन पछताने से क्या होगा,
मेरे जीते जी किसी ने मेरा हाल तक ना पूछा,
तुम्हीं कहो ना,
मेरे मरने के बाद मातम मनाने से क्या होगा,
बेवजह हम डरते रहे कयामत के खौफ से
सुनकर चीखे दर्द भरी, और देखकर नदियों में तैरती हुई
हजारों लाशे, अब इससे बुरा क्या होगा,

83. मेरे बाद मेरी तस्वीर जला देना

तेरे साथ उन हसीन लम्हों को, हंस कर गुजार रहे थे,

तुम तो कभी मेरे थे ही नहीं,

लेकिन हम तुमको अपना हमदर्द मान रहे थे,

क्यों कह रहा हूं तुमसे शायद,

ये बात बताना अब जरूरी नहीं है,

मेरे साथ ना रहकर अब तो खुश हो ना,

या कोई मजबूरी रही है,

तुम्हारे बाद ये दिल,

किसी का होना नहीं चाहेगा,

किसी को पाने की झूठी आश मे ,

अब रोना नहीं चाहेगा,

मेरे बाद मेरी आखिरी निशानी ,

भी मिटा देना,

और हां जो मेरी तस्वीर रखी है ना,

संभाल के उसको जला देना,

मुझे याद रहोगे तुम हमेशा मुझे

तेरी किसी भी निशानी की जरूरत नहीं है,

ये भी सच मुझे अच्छा लगता है ,

तेरे यादों में खोए रहना लेकिन ,

तुमसे कोई मोहब्बत नहीं है,

तेरी खुशी के खातिर मै आज भी

कुछ भी कर जाऊंगा,

आप ना हो मुझे लेकर परेशान
मै जा चुका हूं वापस ना आऊंगा,
अब तो खुश हो ना
अब मै आपसे विदा चाहूंगा,
वो दिन भी आयेगा जब तुम्हे क्या
खुद को भी भूल जाऊंगा,

84. बेवजह ही रोते आएं है

जिंदगी एक रंगमंच है टूट रहे एहसासों का,

एक उम्मीद है कायम जो अनछुए इन सांसों का,

एक तरफ है मायूसी एक तरफ सन्नंटा है,

खुदा नहीं इंसानों के जाति धरम मजहब में बांटा है,

हर जगह है झूठ की दुनिया कही कहीं सच्चा नाता है,

यहां परवाह नहीं है रिश्तों का,मतलब तक ही हर कोई साथ निभाना आता हूं,

कहीं दिख रहे है संवाद प्रेम के, तो कहीं दूर तलक खामोश सन्नाटा है,

कहीं स्वाद है बहुत सारे व्यंजनों का,तो कहीं कोई सक्स दो दिन से भूखा प्यासा है,

इज्जत को आज भी हर गरीब के आंखों अभिलाषा है,

घर की शान है अब खतरे में यहां कुछ इस तरह इंसानी भेड़िया हवस का प्यासा है,

सुकून भरा जो बचपन था वो अब है दर्द के साए है

गैरों के उपहा सों मे अपनों को खोते आए है,

बेवजह ही ना जाने क्यों बेमतलब ही रोते आए है

85. Moral is I am happy

I know this life is most beautiful and colourful.
we can say if we want live and hopeful life,
Some time ago my life was so boring and hopeless,
But sometime later I will be changed
And firstly, I have not no value and extra
Moments of time pass.
I will be serious my way of success and I can say i am happy and enjoying my present

86. ये कोई अपना ही कह गया है

देखिए ना अब मेरी जिंदगी भी
एक तमाशा बनकर रहा गया है,
जो कह नहीं कर पाया अपनी जुबां से
वह मेरी आंख का कतरा कह गया है,
जिसके कांधों पे था भार अपने परिवार का,
वह चुपचाप सब कुछ सह गया है,
जाते जाते उसने अपनी कोई निशानी ना छोड़ी,
शायद भूल से मेज पे उसका रूमाल रह गया है,
किसी को टूट कर चाहना भी खुद खुशी से
कम नहीं है
ये बात भी कोई अपना ही कह गया है,

87. साथ यूं ही निभाएंगे

तेरे साथ हम भी मुस्कुराना चाहेंगे, वफा का गीत हम भी गुनगुनाना चाहेंगे,

ये खुशियों की पिटारी कभी खत्म ना हो

मेरी दुआ है रब से आप सब, एक दूसरे का साथ यूं ही निभाएंगे,

यूं तो है सभी गुमशुदा अपने काम काजों को लेकर,

सब परेशान है इन रस्मो रिवाजों को लेकर,

भूल से भी भूल नहीं होती ,कुछ इस तरह से सुलझ गए है जज्बातों को लेकर ,

लेकिन दिल के किसी कोने पे है एक उम्मीद है जैसे भी हो सुकून के पल आप सब से आएंगे,

मेरी दुआ है रब से आप एक दूसरे का साथ यूं ही निभाएंगे,

मै जानता हूं कि ये सब आसान नहीं है,

मुझे नहीं परवाह क्या गलत है क्या सही है,

अगर रिश्तों को निभाना है भूल ,तो फिर ये भी सही है,

अगर बिछड़ कर खुश है कोई , तो फिर तुम सही हो मुझे कुछ कहना नहीं है,

अगर हो गई हो कोई भूल या अपराध समझाने में तो आप सब से हाथ जोड़कर माफी चाहेंगे ,

मेरी दुआ है रब से आप एक दूसरे का साथ यूं ही निभाएंगे,

88. बारम्बार लिख रहा हूं

छुपा कर के अनगिनत दर्द सारे
कहानी लिख रहा हूं मैं,
इस फरेबी शहर में
रद्दी अखबार की तरह कौड़ियों में बिक रहा हूं मैं,
यूं तो मुझे गुमान नहीं है अपने
किरदार पर
लेकिन जैसा था आज भी वैसा ही दिख ही रहा हूं मैं,
ये जो मुझे गिराने की नाकाम कोशिश में है
आज कल के ये लौंडे
तुम्हारे बस की नहीं है मेरे मुन्ने
ये बारम्बार लिख रहा हूं है

89. गरीबी निवाला और बेरोज़गारी

डूबती कस्ती का कोई सहारा नहीं होता, यह जानने हुए भी कदम बढ़ाए जा रहे है
ये जो कर रहे है ना दिखावा जन प्रतिनिधि का
कसम से यही इंसानियत को नीचा दिखा रहे है,
परम्परा कुछ इस तरह से बदला है हमारे समाज का
आज कल के बच्चे अपने बाप से जुबान लड़ा रहे है , और
कल तक जो मेरी नसीहतों पे सर झुकाकर करते थे जी हुजूरी,
आज वही आंखे दिखा रहे है,
बदहाली कुछ इस तरह से है मेरे देश का,पवन,
जहां युवा है बेरोजगार और गरीबों के निवाले तक छीने जा रहे है,

90. क्या सच में खुदा होता है

वो क्या कहते है, लोग
वही जिसका
कोई नहीं होता उसका खुदा होता है
मै भी कहता फिर रहा हूं सबसे कोई तो,
बता दो दो ये कहां होता है,
जब भूख से रोते बिलखते है ये नादान बच्चे और
पुकारने है तुम्हे,
तो आपको क्यों नहीं दिख रहा होता है,
किस धुन मे होता है तू क्यों नहीं सुन रहा होता है,
कोई तो बता दो ये कहां होता है,
क्या सच में खुदा होता है,
पता नहीं शायद हां

91. अभी पूरी तरह से हारा नहीं हूं

ये जो कह रहे हो जिक्र मेरा अपनों से,
सच मे मै तुम्हारा नहीं हूं
आसानी तो अब आ जाऊं तेरी बातों मे,
इतना भी बेचारा नहीं हूं
मेरी छोटी छोटी नाकामी पे खुशियों मनाने वालों,
एक कोशिश और करके देख लो
अभी मै पूरी तरह से हारा नहीं हूं,

92. चुनाव और करोना

तो आलम कुछ यूं है मेरे शहर का अब
कि यहां के परिवेश में विष घोला जा रहा है,
जिनके जुबान पे सच बोलते बोलते लग गए ताले
अब उनसे ही हर घड़ी, हर पहर, झूठ बोला जा रहा है,
जिनसे गुजार दी अपनी पूरी जवानी देश सेवा में,
उनके परिवार को उनके ही घर से निकला जा रहा है,
इंसानियत अब इस इंसानी रूप देखकर शर्मिंदा है,
खून के पवित्र रिश्तों को मतलब और चंद नोटो के खातिर
कत्ल कर डाला जा रहा है,
ये जो सड़कों पे एक दिख रही थी गरीब मां अब कहां है ,
क्या बताए कल मर गई भूख से वो अभागी, आज उसका
जनाजा निकाला जा रहा है,
अब क्या करे हम बात करके सियासत के नवाबों के
सुना है ये बीमारी एक दूसरे के संपर्क में आने से
और भी जटिल हो जाती है,
तो फिर प्रचार प्रसार में क्यों भीड़ एकत्र करके
रैली निकाला जा रहा है,
सभी जरूरी मुद्दे पे जन सुनवाई होती है और
पुख्ता इंतजाम होता है,
फिर इस महामारी को देखकर भी क्यों चुनाव नहीं आगे
टाला जा रहा है,

93. मेरे अल्फ़ाज़ मेरी कहानी कह रहें हैं

हाल है कुछ इस तरह से है मेरा मै गमों मे भी
मुस्कुरा रहा हूं
शायद मै तुम्हारा नहीं अपना माजक बना रहा हूं,
जानता हूं मै ये गमों मौसम बदल जायेंगे और हमारे हिस्से
में खुशी की सौगात होगी ,
मुझे छोड़कर जाने वाले अगर तुम हो मेरे
तो कभी ना कभी मुलाकात होगी,
ये जो बबूल बोया है तुमने हिस्से में तुम्हारे भी
शूल ही आएंगे,
जिनका गुमान है मेरी ही तरह तुमको यही एक दिन तुम्हे
भूल ही जाएंगे,
मुझे ही शायद समझ दारों से महफ़िल मे आना नहीं चाहिए
था,
रहता अपने ही गुमान मे किसी से भी दिल लगाना
नहीं चाहिए था,
चलो मैं हारा खुद से तुम्हारी जीत हुई है,
तुम तो सच्चे झूठी मेरी प्रीत हुई है,
तुम भूल गए हो मुझको शायद मेरे आंखो का पानी कह रही
है,
मेरी बातों से मेरे दर्द का अंदाजा लगा लो ना
मेरे अल्फ़ाज़ मेरी कहानी कह रही है

94. झूठ है ये की दिल में तुम्हारे रहते है

छोड़ के हम ये दुनिया सारी अपनों के पीछे भाग गए,

तेरी एक आवाज को सुनकर गहरी नींद से जाग गए,

हरकत से थे तुम पागल जो मुझे सताया करते थे,

जब तेरा मै था ही नहीं, तो फिर क्यों आवाज लगाया करते थे,

मांग रहा था साथ तुम्हारा , अपने ही तकदीरों से,

घायल और निर्जीव हो गया , तेरे व्यंगों के तीरों से,

जो बाहर से अच्छे होते है ,वो अंतर्मन से रोते है,

कभी खुद मे ही विलीन हो गए,तो कभी खुद को ही खोते है,

मतलब ये इस दौर में साहब ,यहां साथ सभी तब तक है,

जब तक नोटो की है गर्मी , या फिर मतलब तक है,

जीवन के इस भाग दौड़ ,में हम अपने धुन मे कहते है,

पवन अगर कहूं तो झूठ है ये की प्यारे दिल में तुम्हारे रहते है,

95. ये मस्तानों की महफ़िल है

ये मस्तानों की है महफ़िल,

कोई पुरानी ग़ज़ल सुनाओ ना,

शर्मो हया को छोड़ के प्यारे

मेरी धुन में गाओ ना,

यहां भी जंग छिड़ी है प्यार वफा,

कोई देशी मुद्दा लाओ ना,

मै नाच के तुम्हे मना लूंगा,

पहले मुझसे रूठ कर मुझे दिखाओ ना,

मेरे यारो के संग जिंदगी अच्छी है,

भाई मेरे लिए भी दो पैक और बानाओ ना ,

अपने गम को मै खूटी में टांग के आया हूं

जरा तुम भी अपने काम से फुर्सत पाओं ना,

ये बातो की चाशनी रहने दो ,

अगर हो मेरे तो मेरी ही हो जाओ ना,

मै भी तेरे हर आंसू को अपने पलके भिगो लूंगा,

पहले मेरे मां के जैसे मुझे मना के दिखाओ ना,

96. वो अकेले ही कमाने निकल रहा है

कोई है जो गर्मी में भी नंगे पांव चल रहा है
धूप से जिसका पूरा बदन जल रहा है,
जो व्याकुल हो उठा है भूख और प्यास से,
फिर भी अकेला ही घर से कमाने को निकल रहा है,
थक हार कर बैठा लेकिन ये हार नहीं है,
लड़ते लड़ते मरना है लेकिन पराजय स्वीकार नहीं है,
गरीब की जिंदगी भी एक प्रश्न चिन्ह है हमारे समाज में,
क्यों उनके हिस्से में सुकून और प्यार नहीं है,
उसके मेहनत के परिणाम किसी और को मिल रहा है,
फिर भी अकेला ही घर से कमाने निकल रहा है

97. रोने नहीं देता

शायद मै ही ना समझ पाया कभी खुद को
और कमबख्त एक ख्याल तेरा जो मुझे रात भर सोने नहीं
देता,
दिल चाहता है मेरा कि माफ कर दूं तेरी सभी गुनाहों को,
और लगा लूं तुम्हे अपने सीने से,
लेकिन ये जहन ही है जो तेरा होने नहीं देता,
ये मेरे अपने ही है जो आज भी महफूज है मेरी धड़कन में,
ये उनकी मोहब्बत ही है जो आज भी मुझे रोने नहीं देता,

98. हिंदी

पुरातन और सनातन धर्मों मे सर्वश्रेष्ठ
धर्म हमारा हिन्दू है
और भाषा में सर्वोपरि हमारी देवों की भाषा है हिंदी,
गंगा की धारा जैसी है शीतल, यमुना के जैसी है चंचल ,
हिमालय की चोटी जैसी महानता है,
संस्कृत के गोद से निकली है हिंदी
ये आशा नहीं अपितु पूर्ण विश्वास है ये,
एक दिन
पूरी दुनिया की प्रिय बोली होगी हिंदी

99. पेशे से एक मजदूर हूं

सपनो के तलाश में अपने ही,
बीबी बच्चों से कोषों दूर हूं,
हां मानता हूं थोड़ा सा हूं मै मतलबी और ,
मै जरा सा मजबूर हूं,
वक्त का मै घाव हूं जो हमेशा,
हाथ जोड़े करता रहता जी हुजूर हूं,
दर्द, जिल्लत और नफ़रत से भरी है मेरी जिंदगी,
और पेशे से एक मजदूर हूं,
गरीबी है मेरी असलियत खुद मे ही बे फिजूल हूं,
चुभ रहा हूं सबको मै यहां, जैसे मै कोई शूल हूं,
हे ईश्वर मै ही दोषी हूं बड़ा, सिर झुकाए हूं खड़ा
आपके पैरो का ही तो मै धूल हूं,
जो हर दिन अमीरों के पैरो से कुचला जाता रहा हूं मै सदा
वही मुरझाया हुआ एक फूल हूं ,
कोयले सा कालिख है मुझमें मै ना कोई में कोहिनूर हूं,
दर्द , जिल्लत और नफ़रत से भरी है मेरी जिंदगी
पेशे से मै मजदूर हूं,

100. अनसुलझे पहलू

मैंने जितना भी चाहा था आपको पापा
मेरे हिस्से में उतना भी आपका स्नेह और दुलार
आया नहीं,
रखा दिल में हमेशा मोहब्बतें अपनी जिम्मेदारियों से,
शायद आपके भी जीवन में सुकून भरा इतवार
आया नहीं,
मेरा स्थान भी मेरे घर में कोई विशेष नहीं थी
मेरी अहमियत है कितनी हूं ये तक किसी बताया नहीं,
ये मानता हूं मै भी कि
दर्द छलका होगा आपके भी आंख से कतरा,
शायद मेरी तरह से जताकर,
आपने खुद का मजाक बनाया नहीं,
एक दिन आप भी ना मुझे छोड़कर अकेले रुखसत हो गए
ना इस दुनिया से,
आपकी तो मौत भी एक पहेली हो गई,
जो शायद आज भी वो मुझसे सुलझी नहीं
और मेरे अपनों ने सच बताता नहीं,